融合之愛

十三個有愛無礙寓言故事

孟瑛如、鄭森元 著

林慧婷 繪

🎵 孟瑛如

學歷：美國匹茲堡大學特殊教育博士

美國匹茲堡大學教育輔導碩士

現職：國立清華大學特殊教育學系教授

專長：學習障礙、情緒行為障礙

🎵 鄭森元

學歷：清雲科技大學碩士

逢甲大學土木系學士

現職：桃園市八德區瑞豐國小特教班教師

作者序一

　　有愛無礙研究團隊多年來一直致力於建置一個有關篩選、鑑定、安置、教學與評量等相關事項的特教支援系統，帶領這個研究團隊讓我多年來在專業領域產生極大的成就感！我在這期間也從大學教科書、親職教育書籍、注意力訓練書籍、診斷評量工具、有愛無礙桌遊系列及融合之愛繪本系列等，幾乎「玩」遍了我所想得到的能增進大家對特殊教育了解的各種出版方式。

　　近一年來，深感坊間大部分國中小學生常接觸的繪本，多偏重在認識各類特殊需求學生的特質，而非如何在生理及心理環境建構上真正接納這群學生。為了讓國中小階段的學生能在融合教育理念上及早生根，覺得應該要有些易讀的繪本或讀本，採用問題解決法的故事方式協助一般師生處理與特殊需求學生在日常生活上所常面臨的各種情境問題，所以我開始嘗試寫故事。要把特殊教育故事寫得淺顯易懂，還要活潑生動，對我這種寫慣學術論文的人來說，確實不是一件容易的事！之後我們開始推出「融合之愛」繪本系列，還附上各種學習手冊，希望讓老師、家長在第

一線推動融合教育時能有所本，但有些情境及問題很難處理得活潑有趣，也牽涉到青少年問題，於是我開始面臨瓶頸。就在這時，森元出現了，他原是共同寫作繪本夥伴老師推薦給我的新夥伴！

第一次見面，他就告訴我他不知道怎麼寫寓言故事，只是覺得有趣，想來看看我們在做什麼？因此我和森元溝通了一下我的瓶頸，並且跟他說了一些我很想呈現卻不知如何呈現的故事情節。沒想到事隔一個月再次見面時，他給我看了一篇故事草稿，處理得有趣極了！團隊夥伴們以老師的立場也覺得很棒！當時我的腦海如同被閃電擊中，心想就是他了，我們可以把難處理的情境問題變成故事集，再配上紓壓畫，採用另一種方式推動融合教育理念。

當天晚上開始，靈感就像上帝的手，源源不絕產出，生怕靈感不會第二次敲我們門的我和森元，從此展開互相發掘潛能的旅程，他寫我改，或是我寫他改，總在一天之內互通許多郵件構思與改稿，甚至連出國時都在旅館裡寫。有幾次甚至覺得靈感泉湧，若不寫完，簡直茶飯不思！從來不知道自己能寫故事，在這期間，我同步在撰寫大學教科用書《特殊教育概論：現況與趨勢》，覺得自己在各種寫作體裁轉換間，就如同工作時在不同角色轉換間一般充滿能量。短短數月，已累積十三個故事，若非繪圖者抗議，覺得我們無止境生產故事會讓她畫不完，我想我跟森元會無法終止，所以先告一段落。但許多故事情節又在腦海裡蠢蠢欲動，相信這是我們融合之愛系列的第一本故事集，但不會是唯一一本！

　　在美國求學時，即對美國民權鬥士金恩博士（Martin Luther King）的著名演講「I have a dream」強調消除種族隔離與種族歧視的境界，非常心嚮往之！去日本旅遊時，當地人告訴我日本廟裡若是靈驗的神，胸前會有許多願望實現後回來還願的人所掛的紅邊白底的肚兜，若是沒有肚兜或是只有一、兩面肚兜的，就是不靈驗的神。不知道神界也如此競爭，但我總會頑皮的覺得胸前沒有肚兜或是只有一、兩面肚兜的神是我們特殊教育的神，如果給祂第二次的機會，祂們一定可以表現更好，所以我總是刻意去拜那些神，相信祂們的信眾較少，應該會好好珍惜我們這些僅有的信眾。

　　這本故事集取名為《融合之愛：十三個有愛無礙寓言故事》，取名「融合之愛」，是希望「不同」不再代表異常，而代表需要被尊重與平等對待，特別選了 13 個故事成輯，也是希望能打破 13 是個不吉利數字的概念，因為「眾數字」平等。如同金恩博士的「I have a dream」，希望大家不要再用差異的眼光看待有特殊需求的夥伴，我們需要的是尊嚴自主與平等的機會！

　　我們的故事集或許文字上還不夠洗鍊，但質樸的童趣會是我們的特點，推展融合教育的心和所有特教人一樣熱切！也要再次謝謝心理出版社給我們很大的出版空間與自由，更希望讀者們能喜愛融合之愛系列作品！

新竹教育大學特殊教育學系

孟瑛如 謹識

作者序二

　　當最後一篇合作的作品終於完成時，算算時間共花四個月，那時我手上才寥寥四、五篇，每一篇最多不到一千字，就這樣答應孟老師的合作邀請，現在回想……我的心臟也夠強！

　　在特教界相信幾乎沒有人不知道孟老師，我也是。就在寫作班的研習場上，孟老師談及母親的身體狀況，並感到憂心，對我而言孟老師簡直就是神級的人物，任何特教、輔導相關問題彷彿都可以迎刃而解，這是第一次我聽到孟老師也有憂心的地方。每一個人回到生命的原點，面對人世間的悲歡離合是如此的無奈，原來上天是如此公平的對待每一個人，只是擔心的點不同而已。

　　我在特教班任教，從事特殊教育十多年，接觸過不少身心障礙學生、家庭，而每一個身心障礙家庭背後都有自己的故事，所以大部分作品多是我個人所聽、所見或是親身經歷寫作而成的，原以為不足為外人道，直到孟老師的鼓勵，這些塵封的經歷才得以轉化成一篇篇饒富教育、有趣的小故事和讀者分享。

　　本書的出版，感謝現任徐佩君校長促成，在她的鼓勵下參與研習進修，我才得以和孟老師有合作的機會。

　　謹以本書獻給瑞豐國小的全體優秀教學、行政團隊以及家長們，感謝你們豐富了我的生命和創作靈感。還有我的時任及現任輔導主任王正順主任、鄧秀美主任，兩位教了我很多職場上應對進退的道理，更不時鼓勵、安慰我，在此由衷感謝。

　　寫這篇序文時，孟老師提醒我記得感謝家人，我向媽媽提及此事，媽媽笑著說：「抽屜裡那本族譜應該可以幫得上忙。」是的，我的幽默風趣遺傳自我的母親，自製教具的巧思遺傳自父親，在此感謝默默支持我的家人，他們是我最大的精神支柱。

　　謝謝這段時間孟老師的指導，讓我獲益良多，更希望將來有合作的機會，能為身心障礙者、家庭盡一份心力。

桃園市瑞豐國小特教班

鄭森元 謹識

目次

雪玲公主之水霸凌事件

　　在很久很久以前，一個冬季的深夜裡，美麗端莊的皇后在閣樓的書桌上繡著一朵深色玫瑰，不小心針扎到她的手指，鮮紅的血滴馬上出現在她的指尖上。外面正飄著大雪，放下手邊的刺繡，皇后倚在窗前，望著白雪覆蓋的大地，心裡默默想著：「如果我能替國王生下一個女孩，她的皮膚純白如雪，嘴唇鮮紅如玫瑰，青絲烏黑如烏木，那該有多好！」隔年的冬天，皇后的願望成真，終於如願生下一位公主。皇后把小公主抱在懷裡，只見她「肌膚如雪、雙目玲瓏」，小公主就被命名為「雪玲公主」，而皇后卻在生下公主不久後就過世了。

　　之後國王又另娶了一個美麗的女人當皇后，同時她也成為了雪玲公主的繼母。剛開始新皇后非常疼愛這位雪玲公主，對雪玲

公主呵護備至。具有法力的新皇后有一面魔法的鏡子，她常常問魔鏡：「魔鏡呀魔鏡！誰是世界上最美麗的女人？」魔鏡總是回答：「您是世界上最美麗的女人。」直到雪玲公主越長越大，也變得越來越美麗。有一天，魔鏡回答皇后：「皇后陛下，今天開始，雪玲公主才是世界上最美麗的女人！」從此新皇后便開始嫉妒雪玲公主的美貌，一心想要整她，天真的雪玲公主還不知道原本視她如己出的繼母正要陷害她。

新皇后對著魔鏡施法，只要是有水的地方都要幫忙散播雪玲公主的謠言，從此以後雪玲公主再也快樂不起來。

一大早雪玲公主要洗臉，看到臉盆上出現「白目、靠爸族、公主病、自以為漂亮、很假掰……」這些攻擊字眼，公主的朋友當然也都看得到，有些朋友會安慰她，但也有些人居然信以為真。

起初公主並不想理會這些無聊的攻擊，想到花園走走，沒想到池塘竟出現七張她親吻小矮人額頭的合成照片，下面還留有幾行字：「每日一吻、天天換人、想要被吻、可以照輪」，真是莫名其妙！公主沮喪到極點，面對莫須有的指控，雪玲公主漸漸產生負面的念頭。

好久都沒睡好的她打算到森林走走，但微風迎面吹來的感覺就像針刺刺在臉上，沙沙的樹葉像是正竊竊私語在討論她、笑罵

她，公主心想最近真是受夠了。這時遠處傳來達達的馬蹄聲，跳下馬的是一位戴墨鏡的雍容婦人，原來是貴婦蓉蓉。

雪玲公主：「蓉蓉姊，妳來森林裡做什麼？」

貴婦蓉蓉：「真是氣死我！現在的超市都該關閉，上次害我買不到九層塔，現在又買不到木炭，只好自己撿些木材回去。」

雪玲公主：「蓉蓉姊，妳是不是想不開？」

「我……？想不開？開玩笑，是因為我晚餐準備要烤肉啦！」貴婦蓉蓉笑著說。「對了！天就快黑了，公主妳一個人獨自在這裡，不會很危險嗎？」

「我心情不好，出來走走！」雪玲公主低下頭，悠悠的說。

「怎麼啦？」貴婦蓉蓉關切的問。

「最近不知是誰透過水到處散播我的謠言，還在我的臉書洗版，留下不堪入目的文字及合成圖片，我真是很痛苦啊！蓉蓉姊。」雪玲公主講完後雙手摀著臉流下淚來。

「還記得『阿帕雞事件』吧！」貴婦蓉蓉挽著雪玲到樹下的石椅上坐著。「沒錯！那件事我是做錯了，我不該把保育類的『阿帕雞』煮來吃，但是一碼歸一碼，是不是？」

「是啊！」雪玲公主拭一拭淚稍稍平靜下來，望著貴婦蓉蓉。

「居然有人利用網路，在我的臉書謾罵、貼出造假的合成照，內容相當低俗不堪，當時我也是氣瘋了！真不知那些躲在背後罵我的人，他們是什麼居心？什麼心態？」貴婦蓉蓉緊握拳頭氣得直發抖。

「而我現在就是被人利用水霸凌。」雪玲公主搖搖頭表示。

「對了！蓉蓉姊，妳是如何度過那一段低潮？」雪玲公主好奇的問。

「說到這個啊，幸好有家人、朋友們給我充分的支持與陪伴，現在我不像以前沉溺於虛擬的世界，甚至失去自己，相信虛擬世界的話語超過自己真實的體驗。」貴婦蓉蓉語氣漸漸緩和。

雪玲公主拚命點頭，覺得很有道理。

「家人及朋友提供我一個有愛、彼此信任的環境，也明白只要是人都有犯錯的可能，至少我在困難發生時有勇氣說出來，願意和家人一起面對問題。對於不實的指控或謠言，我一概不予理會。」

「還有，我要那些在網路上攻擊我的人付出代價。」貴婦蓉蓉微微的把頭上揚，一副無所謂又略帶得意的樣子。

「付出代價？」雪玲公主一臉狐疑的問。

「妳知道嗎？現在還有網路警察協助我們解決這些問題呢！」

「網路警察？那是什麼？我怎麼沒有聽說過。」雪玲公主瞪大眼睛，好奇的問。

「雪玲，妳記得到各個縣市刑事警察大隊的『電腦犯罪專責組』報案。至於各縣市警察局刑警大隊網址，妳只要點入上網地的警察局即可找到。」蓉蓉耐心的解釋。

「這有什麼差別？還不都是警察局。」雪玲公主一臉疑惑的問。

「因為負責偵辦網路犯罪的警察機關，就是上網地址的轄區警察機關。」

「原來是要去找他們啊！」

「還有，看到不實的言論、不雅的圖片，我都按鍵盤右上角的 Print Screen 鍵，然後再複製貼在 Word 上，去警局報案作筆錄時，就能當成證據囉！我要他們一個都別想跑。」

「好的！謝謝蓉蓉姊。」雪玲公主滿是感激，雙手緊握蓉蓉的雙手。

「記得要截圖保留證據，報案作筆錄時派得上用場啊！」蓉蓉不忘補充。

雪玲公主決定聽從貴婦蓉蓉的意見，拿起數位相機對著謾罵、不雅的水面拍照，交給國王轄下的網路警察去偵辦。

「我登上王位之前，也受到不少波折。」國王親自告訴雪玲公主。

「而且妳想想，攻擊妳的人了解妳嗎？妳很在意他們嗎？」雪玲公主聽了，無奈的搖搖頭。「面對水霸凌三大心法：如果他們不了解妳，他傷害到的根本就不是真正的妳。如果他們不是妳在意的人，他們的傷害妳也不必在意。如果他們是妳在意卻不願意了解妳的人，請妳一腳把他踢出關注名單。要這樣做，才是父王心中勇敢的小公主！」

有了國王的關愛以及傳授的心法，雪玲公主頓時清醒，決心當一個快樂的公主，不再讓虛浮的水霸凌事件影響自己。而壞心的繼母被國王轄下的網路警察查出是造謠滋事傷害雪玲公主的主謀，震怒的國王將皇后貶為庶民，她後悔也來不及了！

改變命運的美人魚公主

　　米果從小最喜歡讀的故事便是《安徒生童話》裡的人魚公主了，所有版本的人魚公主故事她都有，睡前一定要放人魚公主的故事CD，聽著固定的故事情節與命定結局。人魚公主寧願化成泡沫也不願將匕首刺進王子的心臟以換取自己的生命，最後在船邊回望王子深情但絕望的一眼，隨即化成泡沫含怨以終，是米果認為少見童話悲劇結局的經典之作。她長大之後的心願就是要存錢到丹麥自助旅行，到海邊仔細看自己夢中出現無數次的美人魚公主雕像！

　　米果喜歡書中美人魚公主優雅的身體線條，美麗閃亮的金髮，悠遠動人的歌聲。總是在媽媽催促她讀書時，會想像自己被一層薄膜圍繞，靜靜墜入海底深處的城堡，裡面住著幾位人魚公主，

其中以最小的米果公主長得最為美麗，所以被稱為美人魚公主。人魚世界裡，沒有功課，沒有會考，因為她未成年所以不能上海面，只好常常聽姊姊們聊著許多海面上的新鮮事。她只要每日讓自己妝容整潔，歌聲悠遠可以召喚其他海底的魚朋蝦友們跟她一起玩，無憂無慮的等待自己成年……

　　今天是米果覺得史上最累的一天，早自習就有兩張複習卷，同時還是討厭的週四，有兩堂連排數學課，數學老師的口頭禪是：「這麼簡單，有沒有人不會？」「數學就是科學之母，數學就是生活，就是簡單，就是美！」「數學有標準答案，所以簡單，人很複雜，沒有標準答案，如果你可以跟複雜的人相處，沒有道理不能跟簡單的數學相處！」「有數學，人生才是彩色的！」「這題簡單到只要你的膝蓋有反射動作，就算沒有大腦也可以做！該不會要說你沒有腦？還是腦袋進水，腦袋裡有個游泳池！」米果總是被這些話語弄得頭昏腦脹，她覺得生活裡沒有數學這種科學之母，人生才會變彩色；她可以跟人相處，但數學令她焦慮；她的膝蓋很靈活，但看到數學腦部就僵化！導師上國文課時，又一直提醒下星期的複習考，距離會考不到一百天了，大家要加油之類的話，讓米果覺得很沮喪，不能明白她的人生才剛開始，但老師說得好像如果會考考不好，她的人生就會提早終止，全人類都

會跟著蒙羞一樣！

　　放學後，到學校對面的數理精進班上課，數學老師又再補充提醒許多次的會考日期，要大家多注意，好像台下學生全是一顆顆僵直坐著的易爛草莓，全看不懂日曆，全不在意自己前途似的！這些事讓米果覺得今天真是累上加累，好不容易拖著沉重步伐踏上公車，刷了悠遊卡，發現眼前竟然有一個不是博愛座的位子時，心底小小欣喜的她立刻坐下。沒想到公車開動沒多久，公車旁的一部小轎車為了要超車，竟然碰的一聲撞上正要過馬路的流浪犬，倒地的狗兒回望米果的痛苦眼神，彷彿像道閃電穿過她的心，如同人魚公主最後在船邊回望王子深情但絕望的一眼，隨即化成泡沫含怨以終！米果身在公車裡，坐在自己今天唯一的小確幸上，從沾滿灰塵而讓視線模糊不清的窗內回頭看著倒地的狗兒，「牠的一生是怎麼過的？」「有人會救牠嗎？」「牠變成泡沫後，是否能昇華為空氣中的精靈，做三百年的善事，讓經過考驗的靈魂能不滅！」米果覺得她對狗兒的事件有相對的責任，她為什麼不勇敢下車救牠呢！

　　一進家門，打了招呼，丟下書包，只想把自己變成一顆馬鈴薯垮在沙發上，米果隨手拿起遙控器，正想輕鬆一下，媽媽如影隨形跟進客廳，魔音穿腦如同老師上身對她說：「下星期不是就

要複習考了嗎？距離會考不到一百天了，妳還在看電視？上次的全校排名妳不是……」米果就像一個彈簧由沙發跳起來，雙手摀著耳朵，彷彿敵機空襲逃難似的躲進房間，再將自己垮進床裡，想像著被一層薄膜圍繞，靜靜墜入海底深處的城堡……

醒來時，米果發現自己正在海難的現場，王子所搭乘的船正因暴風雨撞擊到岩礁而劇烈震盪，王子就像自由落體般掉落海中，她立刻擺動自己不知何時長出的人魚尾巴，奮力將溺水昏迷的王子救上岸。急救的時刻，聽到了沸騰的人聲，米果想到變成人魚的自己不能被其他人看見，只好匆匆放下仍未甦醒的王子滑進海潮裡，而也正如米果聽了無數次的美人魚公主故事般，她發現自己幾乎是命定的無可救藥愛上了王子。這再熟悉不過的情節也讓米果知道自己必須馬上找到住在海底深處的巫婆，用自己美妙的聲音將人魚尾巴換成可行走的兩條腿，才能上岸去找王子。

一切如同童話故事般，米果忍著由尾巴變成的腳走路如同踩在碎玻璃上般的疼痛，好不容易費盡千辛萬苦打扮成僕役進宮打掃，見到了自己朝思暮想的王子。然而王子並不知道是米果人魚公主救了他，還以為是鄰國的公主救了他，決定娶鄰國公主為妻以報救命之恩，盛大的婚禮正準備要進行。

米果美人魚公主因為失去了聲音，無法在有機會靠近王子時

訴說事情的始末，傾訴對王子一見鍾情的愛意。她知道自己再不趕快想出方法，便得眼睜睜看著心愛的王子與鄰國公主結婚，當自己再次回到海洋的懷抱時，便會化成泡沫含怨以終。就算深愛她的人魚公主姊姊拿著她們的美麗長髮向深海巫婆換來匕首，米果也絕不忍心將它刺進心愛王子的心臟以求取自己存活！彷彿就像上天安排好的，命運正按照原定的軌道前進，米果想起自己還是人類時是會寫字的，面對王子這樣通常有著良好教育背景的人，溝通的管道難道只有言語？命運就不能改變嗎？

「為什麼一定要靠言語溝通呢？寫字不行嗎？畫圖不行嗎？我一定要掌握最後機會，讓王子明白一切！」米果想著想著，身體因興奮而微微顫抖。

米果想到自己在學校時，除了數學外，她的國文、英文都不錯，也擅長畫畫，但王子是丹麥人，看得懂中文嗎？她將當天拯救王子的經過以圖畫方式呈現在王子每天必經的路徑上，刻在王子房間花瓶裡的花瓣、葉片上，畫在窗戶玻璃上。還利用幫王子整理房間的機會，將以中英文敘明事實與過程的紙條放在王子的枕頭上，再以羽毛被蓋上，或是放在王子的書桌上，希望王子能親自發現。等待王子發現真相的過程中，米果一顆心撲通撲通的好像要從自己嘴裡躍出般，此刻她真心感謝父母師長平時的教誨，

她猜想原來童話故事裡的美人魚公主應該是因為生來屬於海底生物，所以無法以書寫或圖畫方式呈現事實，只能默默含淚接受不幸的命運！但這可不是她米果的作風，她決心要改變命運！

上天終究是眷顧米果的，她的努力引起了王子的注意。王子終於也發現鄰國公主原來並不會游泳，只是剛好路過海灘，恰巧王子醒來看到她，誤以為她是救命恩人，所以派人前往鄰國求婚。鄰國國王為了兩國邦誼，覺得結成親家更有助於未來和平，故而將錯就錯的答應了婚事！如今一切態勢明朗，鄰國國王也就不再強求了。

米果覺得一切就像夢一樣，她改變命運，穿上了綴滿人工刺繡玫瑰花圖案、頭紗綿延十公尺長的美麗婚紗，一步一步走向自己心愛的人，陽光下微笑的王子，配著鑲滿珠寶的王冠與掛劍，更顯英挺與氣宇非凡！紅毯兩端歡呼的人民，讓米果覺得自己擁有了全世界。就在幸福感達到極點的時刻，米果心頭一驚！因為王子的國土靠海，以海鮮為主食，米果發現自己成為美人魚公主後，她所認識的叔叔、伯伯、阿姨、姊妹兄弟、朋友等海洋生物在自己大婚的這天也來參加她的婚禮，但居然是被烹調成食物裝在碗盤裡，以各種姿態被擺在紅毯兩邊的長桌上……

　　「如果王子的主食就是我的親戚朋友，我怎麼能忍受？」「異族通婚習俗不同，我會幸福嗎？」「之後要怎麼溝通呢？」……

　　隨之而來是一陣搖晃，「米果，妳怎麼沒洗澡就倒在床上睡呢？」「複習考快到了，還睡得著？」媽媽又開始每日例行碎念，但米果看看自己的手和腳，卻開始覺得媽媽的碎念沒那麼煩了，「她就是媽，天下媽媽哪有不念的？這是媽的天賦人權！」米果一面偷笑，一面想著。

　　「好啦！好啦！不要念了，我去洗澡！」米果對於能再次聽到自己的聲音，也格外驚喜！她決定洗好澡，要好好再看一下書，等候真正王子出現的時刻，她或許能靠知識扭轉自己的命運。也決定從明天開始，能吃素的時候就吃素，紀念自己曾為美人魚公主，與海底生物一家親的時光！

長頸鹿的萬能筆

　　阿奇是一頭長頸鹿，這一天他背著沉重無比的書包，獨自走到樹下呆呆看著今天發的那幾張月考考卷。

　　「為什麼每次我都考不好，老師教的功課、考試對我來說好像都很難。」

　　「其他同學上課都能聽得懂，而且只要念過都記得住，他們好強喔！我為什麼總是慢慢吞吞的，而且老是沒辦法集中注意力！」想起今天的考試，阿奇忍不住自怨自艾了起來。

　　午後炎熱的陽光把大地烤得紅通通的，一陣陣熱浪迎面襲來，讓人有點招架不住。只有這棵紅木老樹的樹蔭最舒服了，尤其是靠在這樹蔭底下享受微風徐徐吹來，樹枝上飄動的樹葉，溫柔的輕輕安撫著阿奇的頭，好像是在安慰他。

　　不遠處有一個滿臉鬍鬚、步履蹣跚的老爺爺拄著拐杖，朝樹蔭下的阿奇走過來。

　　「小朋友，我剛才在這條路上撿到這支手機，是不是你掉的？」老爺爺慈祥的看著阿奇說。

　　阿奇看了一看，心想：咦？這不就是最新流行的手機嗎？

　　「嗯，不是。老爺爺啊！這不是我的。」阿奇搖搖頭說。

　　「小朋友你很誠實。其實我是這棵樹的樹神，特地變成老公公來考驗你的！」老爺爺欣慰的說。

　　「孩子啊！我知道你對考試一直很煩惱，我這裡有一枝萬能筆就借給你吧。」

　　「萬能筆？那要怎麼用？」阿奇搔搔頭好奇的問。

　　「很簡單，只要用它來考試，寫過的考卷都是 100 分。」老爺爺說。

　　「真的 ?!」阿奇無法置信的瞪大眼。

　　「不信你可以試試看！」老爺爺笑著回答。

　　「不過這枝筆有一個缺點，就是每使用一次，你的身高就會矮一公分。」最後提醒完之後，老爺爺就突然消失了。

　　「明天還有幾科要考，不妨就試試看！」阿奇半信半疑的自言自語。

「可是身高會變矮？欸！管不了那麼多了，反正我只用一、兩次就好，應該沒關係吧！」

「而且……我現在的身高也是排在全班前面啊！」阿奇試著替自己找到使用萬能筆的藉口。

老爺爺送的萬能筆果然嚇嚇叫，威力無窮。自從用了萬能筆之後，阿奇學期末不只拿到最佳進步獎，這次的學期總成績更是打敗學校中永遠的第一名圓仔同學。從此以後阿奇走在校園真是八面威風。

「我想向你道歉，以前我不應該罵你豬頭、超級大傻瓜。」小豬斑斑手捧鮮花誠懇至極的向阿奇道歉。

「我也是！我不該常常笑你是班上的老鼠屎、把全班平均分數往下拉的『啦啦隊隊長』。」土撥鼠恩恩雙手合十的乞求阿奇原諒。

「各位同學，阿奇真是我們班的驕傲啊！你們說對不對？」班導師一改對阿奇的態度，公開在全班面前表揚他。

從此在這個班上，再也沒有人用難聽的話辱罵阿奇，走在校園甚至還常常有人找他簽名或合照。

「這種感覺不知道該如何形容才好，現在的我就好像漫步在雲端喔！」從來沒受過這種禮遇的阿奇開心極了！

幾個月很快就過去，月考又要到了，媽媽說：「阿奇，考試快到了，你不用念書嗎？」阿奇回答：「放心啦！我早就準備好了。」果然阿奇這次又是全校第一名。

時光飛逝，不管是陽光下的歡樂或是流汗嘆息的日子，這群小動物們不知不覺度過一年的時光，這時候阿奇和同儕站在一起，身高竟然矮了一大截！

「好！聽到哨音聲響，成體操隊形散開！」體育老師吹著哨子。

「散！」全班各就各位把手展開。

「阿奇！排到前面來，不然會被擋到喔！」上體育課時，老師只好請長頸鹿阿奇和迷你馬站在一排。

阿奇在班上上課的座位也是一直往前調整，因為他的視線被前面的同學擋住，而看不到黑板。

其實阿奇內心也想過，這一年看著同學們一天天長高，能夠吃到樹上美味的樹葉，真是令他羨慕極了。

這一天，阿奇小小的身軀背著沉重無比的書包，又來到紅木老樹下，呆呆看著樹上飄動的樹葉，婆娑起舞的樹枝好像揮動手臂在向他招手。只是現在因為阿奇身高已經太矮，所以紅木老樹再也無法輕撫阿奇的頭安慰他了。

「真的好難選擇啊！」阿奇雖然想擺脫萬能筆，但是考試又不能沒有它。

「我的成績變好當然可以得到很多掌聲，但是萬能筆再用下去，到時候我會不會只能找雞或鴨當朋友？啊！接下來是老鼠、蛇……」阿奇簡直不敢再想下去。

這一年來爸爸媽媽看到阿奇的成績固然欣慰，但是更擔心他的身高及發育，懷疑他是不是病了，於是開始帶著他遍訪名醫，但都沒有效。爸爸媽媽以為他得了什麼怪病，急得好幾次都哭了，媽媽摟著他，簌簌的眼淚正好滴在阿奇的額頭上……

「下雨了！」原來阿奇剛才在樹下睡著，做了一場白日夢。這時阿奇趕緊看看自己的腿、伸伸脖子，還好都跟以前一樣長，什麼老爺爺、萬能筆都不見蹤影了。阿奇終於鬆了一口氣，趁著天還沒下大雨趕緊狂奔回家。

一如往常，阿奇的成績還是班上的「啦啦隊隊長」，經班導師和阿奇媽媽商量，建議帶他去非洲大草原醫院的兒童心智科檢查，原來阿奇患有單純性注意力不足症（ADD）。

經過一段時間的按時服藥、固定運動、應用膳食療養，聽從醫生的建議少吃高糖、高鈉、高咖啡因及油炸食物，多吃深綠色蔬菜及樹葉，同時在父母、老師的正向支持鼓勵下，阿奇現在上

課比較不會發呆，寫作業也不會再寫到十二點還沒寫完，而且成績有了大幅的進步。

學期末阿奇上台領了進步獎，除了獎狀以外還有一小包的有機樹葉當作獎品，全班都為他鼓掌，阿奇開心的謝謝老師及班上幫助他的小天使。

放學後阿奇急著跑回家，他想將這一小包有機樹葉送給一直陪伴他的爸爸和媽媽享用，也要告訴爸媽，他終於知道用對的方法努力，不必依賴夢中的萬能筆，也能享有日常生活中大大的成就感，謝謝爸媽不只愛他，更懂他。

獅子王的 智慧

　　很久以前在一座森林裡，有一位很愛打扮的獅子，是這裡的國王。獅子國王經常都要穿新衣裳，因為森林裡的設計師都無法做出讓他滿意的衣服，後來兩個自稱是設計師的狐狸騙子，拿著根本不存在的隱形衣服，欺騙國王只有有智慧的人才能看得見這衣服，讓沒勇氣說出自己什麼也沒看見的獅子國王相信自己所穿的是無與倫比的新衣裳，因而光著上身出巡。後來卻在出巡途中被天真的小羊揭穿了獅子國王根本沒有穿衣服的事實，結果被森林裡的動物取笑不已，成為大家茶餘飯後的笑柄。

　　獅子國王在這次事件後，痛定思痛決定做一個好的統治者，認真改善動物們的生活。其中有一項很重要的政策就是要蓋很多的美術館及音樂廳，來提升動物們的心靈層次，而不再沉迷執著

於物質的享受。獅子國王也很積極的參加各種藝文活動，例如：音樂會、畫展等以提升自己的藝文形象。

「國王陛下，下星期天有一個重要的畫展，是由國際知名畫家達文雞所展出的抽象潑墨國畫展。」山羊祕書拿著行程表對獅子國王說。

「嗯！那我一定要去！」獅子國王邊說邊放下手上的公文，對山羊祕書微笑著說。

「日本是第一站，我們則是第二站，香港是第三站，後面還至少有五十個國家在等，可見主辦單位對我們的重視。」山羊祕書不忘補充。

「那就好好準備！看主辦單位需要什麼，我們就給予必要的支持。」獅子國王拍拍山羊祕書的肩膀吩咐著。

到了展出那一天，整個森林被動物們擠得水洩不通，連樹上也站滿了鴿子、烏鴉等鳥群，畢竟這是國際級大師的精心傑作，大家都很期待看到他所展出的作品。

貼身禁衛軍猴子軍團好不容易開出一條路，好讓獅子國王步入會場。

「各位嘉賓，現在讓我們歡迎國王陛下為我們致詞，請用最熱烈的掌聲歡迎！」山羊祕書介紹後，台下爆出如雷的掌聲。

「很榮幸達文雞先生的個展這次能選在我們國家，希望藉由他的畫作能提升大家的藝文素養，他本人因交通延誤沒能趕到，待會兒就會蒞臨現場。」獅子國王開場。

「就像這幅抽象潑墨山水畫，我們從畫作中遠近的視覺角度下觀察各有不同。遠看過去就像巍峨壯闊的巨石，近看高山左側宛如一條瀑布，就像綢緞倒掛著，還有山壁岩牆上的紋理不僅變化多端且歷歷可見，線條亦是粗獷曲折，使得整幅畫作更加雄偉穩重，拉長了山高水長的視覺感受啊！……」獅子國王為了展現他的美學素養，迫不及待滔滔不絕解說了起來，大家雖然看不懂，仍然很捧場的點頭稱是。

這時畫家達文雞先生終於到達會場，好不容易擠上台，一看到台上掛的畫差點沒昏倒。

「我親愛的國王陛下，謝謝您對我的抬愛，但是你們把我的心血畫作掛反了！你們是不是把河裡的山巒倒影看成正像了！」達文雞先生絲毫不留情面的說出，他藝術家的性格在此刻表露無遺。

一時間氣氛僵住了，彷彿空氣瞬時間凍結，沒有動物敢出聲，只見獅子國王臉色鐵青，瞪著縮在一旁嚇得差點失禁的五隻蝙蝠，原來是五隻蝙蝠把畫作給掛反了。

「啊！大師哪！不管正著欣賞還是倒著欣賞都很好看喔！」山羊祕書急忙打圓場。

惱羞成怒的獅子國王下令蝙蝠免去一切藝文方面的職務，只需夜間出來巡視，白天則只能在山洞裡休息不准出來，免得再出差錯。

「啊！啊！明明是自己看錯圖畫在先，卻把責任都推卸給別人！」烏鴉小皮在樹枝上忿忿不平，替蝙蝠出口氣。

「吼！我哪有？」獅子國王大吼一聲急著反駁，整座森林為之震動。

「您貴為國王都看不懂了，我們這些平凡百姓哪看得懂！」烏鴉小皮在樹枝上，心想反正獅子國王也不會爬樹，應該抓不到她，如果真爬上來，大不了翅膀一拍立刻飛走。

「還有，您難道不知道蝙蝠是習慣倒掛在樹上看東西，掛錯也是難免的啊！」烏鴉小皮不吐不快，此時底下響起熱烈掌聲。

獅子國王在眾人嘲笑聲中，想起以前誤信狐狸之言，穿錯隱形新衣不願認錯，最後自取其辱的往事。加上這幾年的勵精圖治，好不容易贏回動物子民信任的眼光，難道要在這不願認錯的致命性格缺點上再跌一次跤？畢竟能認錯是勇氣，能改過是智慧。

「是的，小皮妳說得對！」獅子國王沉默一陣終於開口。

　　「我不想認輸，在各方面想要出頭，是怕別人看不起我！」獅子國王若有所思的說。

　　「國王陛下，您的勇氣真是太令人佩服了！」一旁的達文雞感動的說。

　　「是啊！要承認自己的錯誤是需要很大的勇氣，何況是國王，為了讚揚這美妙的一刻，我決定把這幅畫送給森林的動物們！」達文雞慷慨激昂的說。

　　此時整座森林歡聲雷動，大家鼓掌叫好。至於烏鴉小皮，達文雞也沒忘記她，她獲得大師的親筆簽名照片。

大公雞

　　森林裡有一隻大公雞阿潘，常自信的跳上跳下，悠悠哉哉的一啄一啄藏在裂縫中的粟米，然後抖擻著華麗的冠羽，昂舉脖頸，旁若無人的唱起歌來。渴了就啄飲隔夜霧宿的露珠，清甜止渴，大公雞阿潘覺得自己真是怡然自得，快意「雞」生！

　　「啊！偶像、『歐巴』，我的『歐巴』！」麻雀珍珍一看到阿潘就高聲喊著，她簡直不敢相信這世上怎麼會有這麼帥氣的雞。

　　「啊～啊～我的小潘潘，你是我的巧克力！你就是、你就是我的巧克力！」烏鴉珠珠也不遑多讓，試圖吸引公雞阿潘的目光。因為公雞阿潘的神態、風采，一舉手一投足，真是迷煞一群麻雀與烏鴉。

　　但是好景不常，這樣的優勢維持了一陣子後，模特兒孔雀阿

祥出現了！情勢立刻有了轉變。

「我從網路上鄉民上傳的訊息得知，孔雀阿祥即將來我們這裡拍片哪！」火雞玲玲咯咯的笑著對鴕鳥比比說。

「我一定會讓他一眼就看上我。」鴕鳥比比眨著長睫毛，伸伸脖子扭扭屁股說，眼裡浮現孔雀阿祥牽著自己走進教堂的幸福畫面。

面對自己的偶像、夢中情人，除了幻想之外還能做什麼，何況孔雀阿祥是目前模特兒圈裡的「當紅炸子雞」。

喔！這樣太侮辱他了，小心他的粉絲會抗議喇！應該是「當紅炸子『鳥』」，因為鳥涵蓋的範圍更廣。這次孔雀阿祥是為了出外景拍飲料的廣告，才會特地到這偏遠的森林裡來取景。

終於到了開拍那一天，整座森林裡熱鬧沸騰，只見拍片現場，獅子導演頭戴鴨舌帽，兩腳翹著二郎腿，嘴邊叼著牙線棒比手畫腳，拿著大聲公對著工作人員指揮東、指揮西的，好不威風。

「安靜、安靜，好！5、4、3、2、1，Action！」獅子導演大聲喊著，直到滿意了喊「卡！」才收工。「好！今天就先拍到這裡，明天繼續！」獅子導演伸個大懶腰，拍拍屁股走了。

散場後，從來沒見過大明星的動物們，尖叫的尖叫，要簽名的要簽名，現場差點失控。即使收工了，一群熱情的粉絲還在孔

雀阿祥下榻的旅館外，徹夜守候癡心等待，希望孔雀阿祥能到陽台上露個臉，就算看到窗簾後的疑似人影也滿足，哪怕閃電、打雷、下冰雹也打死不退，簡直瘋狂到了極點。吵雜的聲音穿過森林，連隔壁村落都聽得見，這些景象公雞阿潘都看在眼裡。

「早啊！麻雀珍珍，最近好嗎？」公雞阿潘熱情的打招呼。

「嗯，早！還可以。」麻雀珍珍啄啄羽毛頭也不抬。

「早啊！烏鴉珠珠，最近還想念我嗎？」公雞阿潘擺個最帥的姿勢，對著迎面飛來的烏鴉珠珠問早。

「誰？」烏鴉珠珠故意向後看。

「我啊！妳最愛的甜心、巧克力呀！」公雞阿潘不死心的說。

「你認錯鳥啦！沒聽過天下烏鴉一般黑！誰是你的甜心、巧克力？我剛吃完早餐，不要害我連昨天的早餐都吐出來！」烏鴉連珠炮似的說完，就振翅飛走了。

自從孔雀阿祥出現後，這幾年支持他的粉絲們在短短幾天內，已經不再包圍他、吹捧他，即使遇到他，也只是把他當成路人甲一般對待，全部的目光與話題都集中在孔雀阿祥身上，公雞阿潘再也受不了這股「鳥」氣。

公雞阿潘開始有了怪異的行徑，他總是在孔雀阿祥出現過的地方鬼鬼祟祟的撿拾著，原來他在撿拾孔雀阿祥掉下來的羽毛。

回到家阿潘便拿起雞毛撢子，輕輕的刷去羽毛上的灰塵，再上一層油，在陽光反射下映照著光芒。

「還可以更炫！」公雞阿潘拿起螢光漆，塗抹在孔雀羽毛上面。

「有時我還真是佩服我的聰明哪！」這下公雞阿潘更得意了。

公雞阿潘再一根一根把孔雀阿祥的羽毛黏到自己身上，邊黏還一邊照著鏡子，顧盼自得的說：「這樣好看多了！看誰還敢瞧不起我。」

阿潘對著鏡子起身，來來回回的走起路來，但因身上增加的羽毛太多太長，還差點跌倒！「是有點難走，嗯！沒關係。慢慢走，更顯得優雅。」公雞阿潘安慰起自己來。

外景持續拍著，今天孔雀阿祥以健康型男的姿態來回奔跑，他抹去額頭的汗水，說著廣告台詞：「身為一隻鳥，連自己的體脂肪都控制不好，還能做什麼鳥事！」

最後加上：「不運動，更要每天喝！」獅子導演滿意的喊：「卡！」此時現場又是尖叫聲、掌聲震天價響。

這一叫引來隔壁村獵人的覬覦，原來隔壁村莊住著一位獵人，最近總覺得這片林子突然變得好熱鬧，常常聽到動物叫聲，決定找時間去一探究竟。

今天是夜間拍戲，皎潔的月光透過樹梢，灑滿整片樹林。就在孔雀阿祥的劇組拍到近尾聲時，獵人躡手躡腳的先在對面拉起網子，再突然現身，手持獵槍不斷向樹林掃射。動物們驚慌逃竄，做鳥獸散，孔雀阿祥因羽毛拖地又不會飛，只能乖乖被逮。公雞阿潘更不用說，全身塗滿了螢光漆的羽毛目標最明顯，還黏著不屬於自己的孔雀羽毛，連走路都有困難了，更別說要逃跑。

此時公雞阿潘插翅也難飛，想到自己悲慘的未來、未知的命運：「是做成標本？還是山產店的三杯雞？」媽呀！簡直不敢再想下去，他嚇得不斷發抖，抖到原本黏在身上的羽毛都一根根掉了下來。

「這什麼東西啊！雞不雞，鳥不鳥的，全身還黏黏的！髒死了！」獵人看到這隻一直掉毛的「孔雀」，以為他病了，心想該不會得了傳染病，可能賣不到好價錢，於是就把他放了，但公雞阿潘已嚇到覺得自己在生死關頭走了一遭。

經過這次事件後，現在公雞阿潘已經學會「不必一定要成為別人眼中的焦點人物，獲取一時虛榮」的道理。即使身邊沒有麻雀、烏鴉粉絲圍繞，他還是依然自信的跳上跳下、悠悠哉哉的啄食，旁若無人的唱起歌來，心裡想著：「還是做自己最好，最自在！」

小黑的白襪子

　　在南部鄉下有一個小村落，田間小路交錯相通，在這片平坦寬闊的土地上，老農夫拉著好幫手水牛忙著耕種肥沃的田地。村落裡的年輕人大多往大城市去發展了，只有老人和小孩留下來，日子倒也過得悠閒自在。

　　小琪的爸爸媽媽在台北的大學裡任教，所以她和爺爺奶奶住在鄉下。最近有一隻黑色的拉不拉多流浪狗常常在家裡附近徘徊，小琪因為狗的毛色，暗地裡幫牠取了「小黑」這個名字。

　　小琪家附近正好有建築工地在蓋房子，每天一大早小黑看到工人上工，就不斷搖著尾巴，跟進跟出，就好像看見好朋友似的開心極了。

　　「小黑過來，乖！這些給你吃！」工地的工人阿貴，把飯盒裡

吃剩下的廚餘拿去餵牠。

「這種狗你也敢餵？」小蔡放下手邊的飯盒，瞅著眼看了看小黑。

「你難道沒聽說，白腳蹄的狗不要養，不然會招致厄運！」說完小蔡繼續把臉埋進飯盒裡。

「白蹄狗？招厄運？」阿貴瞪大眼不置可否，看著一旁的小蔡。

「是啊！我也是小時候聽家裡長輩說的，說什麼貓、狗的腳趾如果是白色的，俗稱『白腳蹄』，傳說這種狗、貓會幫飼主帶來衰運。」

「嘎？是喔！這倒挺新鮮的，我好想……招厄運喔！」阿貴笑著回答。

「比如說，天上掉下來的禮物啊！就像中了樂透，或是走在街頭巷尾跟美女一見鍾情……小黑拜託你囉！」阿貴摸摸小黑的頭，開玩笑著說。兩個年輕小夥子嬉嬉鬧鬧，互相損來損去。

「上工啦！你們兩個還在做什麼春秋大夢！」工頭阿彬伸伸懶腰，邊搥搥後頸，邊吆喝著。

「阿貴，待會兒釘模板時，你和小蔡一組，小蔡在上面負責釘，你在下面幫他扶板子可以嗎？」阿彬交代下午的工作內容。

「小蔡可以嗎？」阿彬看了看小蔡，再次確認他們是否聽清楚。小蔡點點頭，戴起護具準備上工。

「是，遵命！」阿貴抱著小黑，舉起小黑的右前腳，開玩笑向阿彬敬禮。

「阿貴不要鬧啦！待會兒上工要小心一點。」工頭板起臉訓斥。

「散漫！你就不要和上次一樣受傷！」工頭繼續碎念，阿貴背地裡做個鬼臉，把小黑放下來上工去。

誰知天有不測風雲，就在上工後沒多久，阿貴一個不小心被帶有釘子的模板打到眼睛，右眼球當場破裂，緊急送急診到醫院開刀。

「我先幫他清創及縫合，觀察三個月以後，可能還需要再開一次刀，植入人工水晶體。」醫生說。

「醫生，他會不會失明？」小蔡焦急的問。

「現在很難說，看復原的狀況再說！」醫生看了看病歷後，面對小蔡及同事回答。

小黑「帶衰」的傳言很快在工地傳開，再也沒人理牠。阿貴請假在家休養期間，小黑還是每天到工地等他，無精打采的躲到角落靜臥，望著人來人往。等到工地完工工人散去，小黑又成了一隻無家可歸的流浪狗。

之前假日工人休假，小琪會去偷偷餵牠並和牠玩，小黑一看到小琪就迅速、奮力的搖著尾巴，開心得不得了，小琪一直渴望能養牠。

「爺爺，我想養狗好嗎？」晚餐後小琪小小聲問爺爺。

「養狗？妳自己都需要人照顧，還要養狗？」爺爺邊剔牙邊回答。

「妳去問妳奶奶！」爺爺不知如何拒絕，乾脆把問題推給奶奶。拗不過小琪的要求，爺爺奶奶終於點頭答應讓小琪養小黑，雖然奶奶對小黑的「狗相」仍頗有微詞。

「小黑，拜拜。」每當小琪要上學時，小黑會後腿一曲、前腿一伸，起來看看她並且用力搖尾巴。

傍晚放學時小黑會去巷口等她，看到小琪出現時，整隻狗就會興奮的撲向前去，然後跟進跟出，不斷撒嬌，好像小孩要人抱似的，說不出有多開心。

「小黑好乖！」回到家中，小黑會把肚皮朝天，不斷扭動身軀，四腳舉向空中，小琪拍拍牠的肚皮，小黑一個轉身依偎在小琪旁邊繼續撒嬌磨蹭。即使面對街坊鄰居的指指點點，小琪愛護小黑的心依然不為所動。

「爺爺，明天班親會您可以參加嗎？」這天小琪問爺爺。

「明天哪！幾點？」爺爺緩緩放下噴霧澆花器，看看小琪。

「上午九點開始。」小琪回答。

「好！明天記得再提醒我！」爺爺怕忘記，希望小琪可以提醒他。

「爺爺，今天九點不要忘記！」第二天一大早，小琪用過早餐後，趕著去學校幫忙布置，出門前不忘提醒爺爺。

「爺爺你不是要去學校參加班親會？是不是忘了？」奶奶在庭院裡晾衣服時突然想起。

「哎呀！都十點半了，我這記性真是越來越差了！」爺爺說完，就騎著他的摩托車出門，匆匆忙忙趕往學校。

沒想到在距離學校五百公尺前的十字路口，突然有輛藍色轎車加速通過已閃黃燈的十字路口，閃避不及撞上騎著摩托車心急趕路的爺爺，由於撞擊力道不小，爺爺連車帶人被撞倒在馬路上，還波及停靠路旁的兩部機車。爺爺被撞飛後，重摔到地面，警察趕到現場，立即將爺爺送醫急救。

經醫師檢查後，爺爺除了大腿骨折、全身有多處擦傷外，還有輕微腦震盪，警方初步調查後發現雙方都有錯，主要原因是兩人都搶快，真正原因則有待進一步釐清。

「這陣子我要在醫院忙，沒辦法一人顧兩個，就算出院，你爸傷筋弄骨的也至少要半年以上才有可能康復，我看你還是把小琪帶去台北念書，你們夫妻倆自己照顧好了！」奶奶在電話中向台北的兒子提及後續的因應措施。

「跟她講說那種狗不要養，她就是不聽，你看家裡果然出事了！」奶奶把今天所有「衰事」全都怪到小黑身上。

小琪對小黑萬般不捨，把所有可以吃的東西都堆在巷子裡的一個祕密基地留給小黑吃，還鋪了自己的舊衣服，希望小黑可以撐一陣子，看能不能遇到其他好心人。小琪轉學到台北就讀後，沒多久小黑又開始流浪街頭，餓了就到廚餘桶、垃圾堆找吃的，常常在小琪家附近徘徊，有時還被人用棍棒驅趕，街坊鄰居指指點點的更加確信小黑是一隻「帶衰」的狗。

小琪爸爸的同事田中教授是一位日本人，來台教日文，知道此事後，表示願意收養小黑以陪伴年邁的媽媽。

「在我們日本，如果有這樣的狗，是表示帶著幸運的胎記，我看全世界也只有在台灣才會覺得白蹄狗不吉利。」「如果人自己不注意，全怪在狗身上，那真是找藉口！敵對的國家或人只要送隻白蹄狗就可以傷害對方，還真是容易！」田中教授笑著對小琪的爸爸解釋，並表示出對收養小黑有極高的興趣。

　　田中教授繼續說：「清朝乾隆皇帝狩獵時，特別愛有白腳蹄的狗，牠們通常比較聰明、反應佳、學習能力又強。不相信，你去看故宮中展出郎世寧所繪的《十駿犬》，其中『雪爪盧』就是白腳蹄的狗。」

　　「太好了！這樣找個空，我帶女兒去看小黑，順便把牠從鄉下帶回來送你！」小琪的爸爸開心的笑了，因為自從和小黑分開後，小琪常常吵著要回鄉下爺爺奶奶家看小黑。

　　田中教授收養小黑後，先帶牠到獸醫院檢查，並幫牠植入晶片以防走失。

　　田中家自從來了新成員後，輕微失智的田中媽媽比較願意出門，有時會牽著小黑在士林外雙溪附近走走，田中教授對小黑能在他教學研究繁忙時陪伴媽媽感到很欣慰。

　　小黑總在田中媽媽身邊圍繞著，牠不知道自己經歷過許多事故及謠言，牠只希望能有個安穩的窩，有真心接納牠的人無條件的愛牠，就如同牠對待人類般。看著慈祥的田中媽媽，小黑在自己專屬的睡墊上安穩的吐了一口氣，擺擺大耳朵，伸伸自己腳上的「白襪子」，希望自己每晚都有快樂單純美好的夢……

良人？
狼人？

　　小惠最近常聽到大人在講：「錢不好賺！因為經濟不景氣，根據人力公司公布的數據，近 10% 左右的企業打算在過年前裁員，另外有 20% 的企業雇主想要減薪度過這波經濟寒冬，結果有 60% 的員工曾經得過裁員減薪焦慮症，擔心沒了工作怎麼辦，也有 40% 的民眾願意接受減薪，保有這一份工作。」

　　小惠的爸爸耀文在一家房屋仲介公司從事業務的工作，公司經理示意要縮減人力，因為他業績差，所以感受到強大的壓力，情緒變得很不穩定。

　　「這是這個月我們公司同仁的銷售業績。」開會時李經理手按滑鼠邊向大家做簡報。

　　「業績最好的是林正平，成交六戶……」

「一間也沒談成的張耀文先生，現在就請他上來報告。」李經理故意放大音量，唯恐大家聽不到。

「因為……最近房地產不景氣，年輕人薪資普遍偏低……所以……」耀文低著頭喃喃的說。

「這不是藉口吧！還是有同仁成交啊！」李經理雙手在胸前交叉，斜眼冷冷看著耀文，會議室空氣瞬間凝結，沒有人敢動。

「這是這半年本公司的銷售成績，你看看你的銷售成績還是吊車尾！」李經理手指著布幕的投影。

「抱歉！我下個月一定會更努力的賣房子。」耀文低頭不斷鞠躬。

「你不用跟我道歉，公司的維持是靠業績，業績很重要你知道嗎？這裡是公司！不是慈善事業，光靠善心捐款就能過日子。」李經理毫不留情面的當眾丟下這句話，同事則面面相覷，不敢出聲。

最近公司下班後，耀文帶著煩悶的心情與同事吃飯、喝酒，常常滿是醉意開車回家，回家後就和太太美珠吵架，大吵大鬧害得整棟大樓都不得安寧。

這一天晚上九點，耀文剛回到家，聽到樓上陣陣的噪音像是有人在用鐵槌釘東西，於是帶著幾分醉意衝到樓上去狂按樓上王家門鈴。

「都幾點鐘了？還在釘、還在一直釘！」耀文氣急敗壞的狂罵。

「誰在釘？你進來，你進來看哪，看我家在釘什麼呀？莫名其妙！」王先生滿頭都是洗髮精的泡泡，手裡還拿著毛巾擦拭。

「釘什麼？釘棺材板啦！釘棺材板裝你這個死人！」王先生也火大，豁出去了。

「抱歉，抱歉！王先生，我先生喝醉了，請不要跟他計較。」太太美珠剛剛下班，衝上來拉住自己的先生，滿口賠不是。

「妳為什麼幫他？他──姓王的是妳的什麼人？幹麼對他那麼好？你們是什麼關係？」

王先生搖搖頭自認遇到瘋子，不想再理會這個神經病，便「碰！」的一聲用力把門關上。

「你在發什麼神經？」美珠邊拉邊推，費了好大的力氣才把耀文推進門。

「妳就是跟王先生比較好。我的襯衫洗完掛在陽台還要自己收、自己燙，妳以前不是這樣對我的。」耀文開始無理取鬧。

「以前你都有生活費給我，現在呢？我還得到外面賺錢，不然哪夠用？」美珠滿腹委屈，大聲頂回去。

「怎麼？連妳都嫌我能力差、不會賺錢，是不是？」耀文惱羞成怒的說。

「是啊！怎樣？」美珠上了一天班累得要命，漸漸失去耐性，故意氣他。

耀文雙手緊握拳頭，好像快要捏出汁似的，眼睛露出熊熊怒火看著美珠。

「跟我說對不起！跟我說對不起！」耀文一連喊了兩次。

「幹麼跟你說對不起！」美珠火氣也上來，大聲吼回去。

耀文對美珠家暴了！小惠和妹妹小珍簡直嚇傻了，兩姊妹縮在牆角不斷發抖直到外面安靜下來。爸爸好像出去了，沙發前的地板上流了好多血，媽媽躺在血泊中，虛弱的說：「姊姊！趕快打電話給113！送媽媽去醫院！」說完便昏過去，妹妹小珍這時才放聲大哭。

第二天，小惠的班導怡君老師發現她的眼睛紅腫，經詢問後發現事態嚴重，趕緊向學校輔導室通報。

「小朋友，當家暴發生在你家時，你要怎麼辦？」怡君老師藉這個機會向全班同學機會教育。

「我知道，要打113、110。」小偉舉手發言。

「很好，打113、110。但是當家暴發生時如何保護自己？」怡君老師還希望有更好的答案，但是小朋友們只有這個答案。

「第一，不要再以言語刺激對方。」怡君老師開始引導。

「啊，我想起來了！我的嬸嬸就是對她老公說：『你打啊！你如果是男人就打看看！』結果她老公就真的打了！」偉嘉等不及舉手就直接發言。

「第二，保護人身安全，看現場氣氛不對就趕快離開。」

「第三，立刻向附近鄰居、親人家裡、公寓大廈管理員、超商或便利商店、村里長尋求協助。」

「第四，一定要保留證物作為驗傷用。」

「第五，才是向員警、學校老師、醫生等相關單位求助或撥打 113、110 通報或求救。各縣市的法律扶助基金會也可以幫助沒有錢的人尋求法律協助喔！」

「這樣大家都記起來了嗎？很重要一定記住喔！」怡君老師再三叮嚀。

耀文酒醒了，帶著歉意到醫院下跪，向太太求情，希望能再給他一次機會。「夫妻嘛！床頭吵，床尾和，哪對夫妻不吵不鬧！」婆婆邊罵耀文，邊勸自己的媳婦。

「媽！我現在不想回答，您讓我想一想！」美珠把頭撇到一旁，不想看到先生。

「好！好！好！仔細想，可憐哪！孩子快沒了父親，人家會笑說：沒爸爸的小孩呦！」婆婆在旁邊故意說著。

　　這一句話刺進美珠的內心，因為她從小在單親家庭中長大，童年求學過程，最痛恨的就是這一句話。

　　經過幾天的思考，美珠為了兩個年幼的孩子，終於撤銷傷害告訴，決定再給耀文一次機會。

　　之後的半年又發生好幾次家暴事件。面對這樣的先生，每當他酩酊大醉時就變成發狂的野獸，咬得自己遍體鱗傷，讓人對他恨之入骨；可是酒醒之後，又是一把鼻涕一把眼淚誠懇道歉。加上自己又心軟，為了維持完整的家，選擇再原諒他一次，每一次都告訴自己是最後一次。耀文酗酒後的家暴，半年來就是如此，醉醉醒醒，浮浮沉沉，半人半獸，讓美珠不曉得該如何面對。

　　美珠在這半年多來不斷遭受揮之不去的家暴壓力，而且連孩子也開始遭殃。看到小惠和小珍帶傷的臉及退縮的神情，想到自己單親的成長過程，美珠覺得不能再這樣下去，但要尋求法律協助，又擔心請不起律師，一時之間惶然無主。懂事的小惠看著暗自垂淚的媽媽說：「我們是受害者，錯不在我們！我們去找法律扶助基金會吧，老師告訴我們的！」一句話，讓美珠頓時有了勇氣，決定為孩子踏出艱難的一步，求助「法律扶助基金會」，尋求法律的協助。與律師詳細深談過所有的事件經過後，律師建議美珠聲請保護令。

「要如何申請？」美珠急切的問。

「首先必須提供戶籍謄本、先生對妳的恐嚇簡訊數則、錄音、診斷書、醫院急診病例，以及急診護理紀錄、受傷照片為證，趕快向法院提出保護令的聲請。」律師耐心解釋，美珠則不斷做筆記，離開前不忘點頭道謝。

經法院核准的保護令很快下來了，美珠終於不必再每天每夜害怕遭受到先生的暴力對待，同時也帶著兩個女兒搬出那間充滿心碎、痛苦回憶的房子，更為了保護自己及兩個孩子，美珠準備向先生耀文正式提出離婚訴訟，展開屬於自己和孩子的新生活。

狐狸的慈悲

在這幽靜的森林裡，動物們和樂自在的生活，但在山腳下，有一間「殘福身障館」，裡面住著一群被拋棄、又老又病，也沒有人照顧的可憐動物。

當年，一位有愛心的白兔伯伯看到這群老弱病殘的動物們，發心起願要照顧他們，於是千辛萬苦成立了這家「殘福身障館」，大家都稱呼他為白兔館長。

有一天來了一位貴客──狐狸老闆。這隻老狐狸可是一位大老闆，只見他西裝筆挺，油頭粉面，出入有高級名車代步，身邊還有一隻祕書哈巴狗，專門替他開車門、撐傘、拿公事包、擋麥克風。

狐狸老闆旗下的事業無所不包，經營範圍包括房地產、食品、

能源、網路、傳媒、殯葬、廟宇、教堂以及影城。

「歡迎！歡迎！大老闆請裡面坐！」白兔館長喜出望外，在物價高漲什麼都貴的年代，當然希望狐狸老闆這次能善心大發，多捐些錢或是糧食等等。

「我說，白兔館長，看您經營得挺辛苦的！」狐狸老闆看看四周牆壁的壁癌，還有館內動物的破舊穿著說道。

「是，是，的確是！還好有幾位像您這樣的活菩薩樂善好施，我們才得以求得溫飽！」白兔館長搓搓雙手說。

「那這樣吧！這三百萬就當我們老闆捐獻給館內的加菜金。」哈巴狗把一張支票交到白兔館長的手上。

「唉呦！我的活神仙、耶穌基督啊，真是佛心來著！您哪，好心有好報，菩薩保佑您無災無難，長命百歲哪！」館裡有了狐狸老闆大量的支援，讓白兔館長的嘴唇笑到合不起來，盡說些好聽的話。

「嗯！」哈巴狗祕書面無表情抬高了鼻子說：「我們狐狸老闆沒有別的要求，只希望可以跟館裡的動物多多合照，讓他貼在公司網頁上，以提升企業形象。」狐狸老闆則翹著二郎腿晃啊晃的，雙手抱胸看著白兔館長。

「行，行，沒問題！那有什麼困難呢！不過是拍個照。」白兔館長心中再怎麼不願意，知道可能要犧牲館內動物偶爾可以外出休閒的機會或是正常的活動時間，但哪有把財神爺往外推的道理呢？只好欣然答應了。

「聖誕節當天，我想要招待館裡面所有的動物看電影！」狐狸老闆離開前特別告訴館長。

「呵呵！孩子們，慢慢來，小心走，我們去採買吧！」之前白兔館長總是藉著採買，也順便帶著他口中的「孩子」和社區互動並接受訓練。

「耶！萬歲！我們走吧！」一隻被捕獸夾夾斷前腳的小山豬開心極了！興奮的不只他，可以外出的動物們都很開心能外出逛逛。

但是之後只要狐狸老闆每次來參觀，殘福身障館裡的動物總要無條件的排除各種例行活動，就算身體不適，也要配合狐狸老闆的各種拍照要求。連每個月才輪到一次的外出採購食物的小小樂趣，也常因狐狸老闆的到訪而無法成行，讓殘福身障館裡還可行動的動物們留下不少遺憾！

聖誕節終於到了，雪花紛飛覆蓋了整片森林，館內的動物相互攙扶以免滑倒，好不容易到了狐狸老闆開的秀秀電影院觀賞電影。

「好期待喔！」梅花鹿斑斑開心的說。

「聽說今天的影片有恐龍耶！」山羌荳荳極為興奮。

電影終於播放，但就在電影中場時突然樂聲大作，鎂光燈閃個不停，前方螢幕打出「歡迎殘福身障者蒞臨」幾個字，音響傳出「請後面觀眾用力鼓掌」。後方觀眾一陣驚呼，卻也不得不配合著拍手。

「啊！我不要啦！」梅花鹿斑斑受到驚嚇的說。

「啊！」山羌荳荳張嘴露出驚訝狀。

其他殘福身障館的小動物們一陣錯愕、驚恐，有的還被嚇哭，非常不希望在未被告知下，被嚴重侵犯僅有的隱私權與自尊。但此時只見狐狸老闆笑咪咪的站在前面揮手拿起麥克風：

「我親愛的殘福朋友，是不是很久沒看電影了？票價很貴是吧！沒關係我請客，這對我來講只是小事一椿，不必跟我客氣，我能做的就只剩好事了，請大家盡情觀賞吧！」

第二天，媒體大大的標題寫著：「愛心澤被，殘福朋友喜極而泣。」

這位愛秀的狐狸老闆不斷在各地藉由類似這樣的公益活動營造企業的好形象。然而沒想到人無千日好，花無百日紅，後來卻因企業十週年慶放煙火，引發了森林大火。

「失火了！失火了！快打119！」烏鴉小黑驚狂叫著。

「狐狸老闆還在裡面哪！」哈巴狗祕書急著向消防隊員大象表示。

「讓開！讓開！叫你們走開，不要再拍了！」哈巴狗祕書狂吠，試圖驅趕一些無聊圍觀、妨礙救災的動物，有些甚至在現場以火場當背景玩起自拍。

狐狸老闆在睡夢中驚醒，當他被消防隊員大象費盡千辛萬苦扛出來時，不只嚴重燒傷，連他的狐狸尾巴也被燒成一根紅腫光禿的肉棍。

山羊醫生強烈建議「截肢」，在治療過程中，啄木鳥護士必須不斷的為他清理傷口，狐狸老闆則一直抽搐，發出陣陣哀嚎。

「為了維持狐狸老闆的生命狀態，必須進行必要的清創手術來切除壞死的組織。」山羊醫生向狐狸老闆的家屬說明。

至於狐狸老闆的事業則被燒個精光，面對受害者鉅額的求償，他所有名下的財產也都賠人家賠光了。

昔日門庭若市、車水馬龍的盛況不再，當初威風八面，喊水會結凍的狐狸老闆，突然發現昔日稱兄道弟的朋友們，一夕之間都不見了。

一場大火之後，狐狸老闆也住進了殘福身障館，每當有人來探望時，對方同樣要求來張大合照，狐狸雖然心不甘情不願的遮

遮掩掩，但是白兔館長總是說：「不然我們要如何過活？現在東西又那麼貴。」因此必須勉強配合拍照，然後讓人在網頁一再點閱、按讚。

就在今年第一個強烈颱風於凌晨登陸後，整片森林感受到超強風雨，像是童話故事中會把茅草屋吹倒的大怪獸，將整片森林摧殘得滿目瘡痍，殘福身障館也不例外。

「朋友啊！就讓我們來攜手重建吧！」災後浣熊爺爺帶著一群熱心的動物們協助重建家園。

他們每日每月定時來，將一磚一瓦、一花一木慢慢恢復原來的樣貌，志工們快樂的來，自在的工作，偶遇館內動物散步或外出，則和善的打招呼或給個熱情擁抱。這一切都看在眼裡的狐狸老闆終於明白：所謂做好事，不是消費他人成就自己，而是讓他人擁有尊嚴與自主，以及接受幫助的自在！

阿比新村

在「阿比新村」住著一群動物，這群動物的特色是什麼都要比，什麼都能比。

「我的腿比較粗壯！」河馬阿河和大象阿泰拉開嗓門叫囂，正爭得難分難解時，大象阿泰提議拿尺來量，結果是大象的腿以半吋獲勝。

「氣死我！這隻死大象，有一天我一定要把你比下去。」河馬阿河氣得頭也不回潛到水裡去，心裡忿忿不平咒罵著，只見水裡不斷冒著泡泡。

「你們看！這是結婚週年時我家老公買的戒指，好看嗎？」母雞敏敏向一群雞太太炫耀著。

「唉呦！今天的太陽好大呀！我都快被曬成烏骨雞了！哈哈

哈！」一旁的母雞娟娟也不甘示弱故意露出雞爪指著太陽，雞爪上五克拉的「鴿子蛋」在太陽光下反射出耀眼的光芒，差點就閃瞎了一群雞太太。

舉凡「哪家的巢穴最新、最大」、「誰家吃的飼料是進口、誰用最高檔的家具」、「誰家的老婆最賢慧、毛色最漂亮」，什麼都可以比。如果看到幾隻猴子聚在一起漲紅臉吐著舌頭，互相比較誰的舌頭比較長，這也不足為奇。就這樣幾個世代一直比下去，村人倒也習以為常。

就在某一天搬來了一戶雞人家，雞爸爸阿正開著貨車載著雞媽媽玲玲、雞子們和家具搬來到阿比新村。所謂入境隨俗，這一窩雞從此被迫加入比較的陣容。

有一天隔壁的孔爸、孔媽帶著自家的小孔雀來串門子，聊著聊著，孔爸提議來比小孩身高，雞爸爸心想：這怎麼能比？

「客人來了！寶貝，今天輪到誰？大哥下來吧！隔壁孔爸找。」無奈的雞爸爸只好扯開嗓門對著樓上喊。

雞大哥就算長得再高大，也高不過孔雀。他們比完身高後還又比了羽毛花色、眼睛大小、在校成績、才藝，最後孔爸帶著滿意的笑容離去，留下滿是無奈的雞爸爸以及身心受創的雞大哥。

「我說雞媽媽玲玲啊！你們家羅羅這次的月考，考得如何？」

母雞娟娟煞有其事，一臉關心的問。

「這次的月考？對吧！他還沒有拿給我看。」雞媽媽玲玲被這麼一提才突然想到。

「小羅！小羅！快下來！」雞媽媽玲玲扯開嗓門用力叫著。

「這次的月考，考得如何？考試卷拿來給我看吧！」

「我的考卷，忘……忘記帶回家，放在學校抽屜，明天我會拿回來的。」小雞羅羅雙腳磨蹭，低著頭回答。

「不會吧！我兒子祥祥說老師親自夾在你們的聯絡簿，你是不是忘記了！」母雞娟娟好心提醒著。

「快去！要自己拿來給我看，還是我去翻？」雞媽媽玲玲開始顯得有點不耐煩。

「好啦！好啦！」羅羅小聲地回答著。

「國語……65，數學……50。嘎？什麼！」雞媽媽玲玲看了當場差點沒昏倒。

「人家我們祥祥國語 95 分，數學才 90 分而已，我剛才還狠狠的罵他怎麼退步了！」

「不過成績重要，品格更重要，不會念書沒關係！重要的是小孩不能說謊，做壞事都是從說謊開始。孩子還小要好好教喔！」說完，母雞娟娟把頭抬得高高的，扭著肥肥的雞屁股轉身離去。

「現在就給我到書桌前好好念書，還有今天發的考試卷要訂正，聽到沒！」雞媽媽玲玲指著樓上，對著縮在一旁的小雞羅羅說。

從此，小雞羅羅就過得很不開心，因為要一直被比較。

每天雞爸爸、雞媽媽會開車到學校接小雞羅羅放學。這一天一如往常，放學時間到，學校鐘聲一響，動物們背著書包互道再見，井然有序的走出校門。

「羅羅，怎麼了？哪裡不舒服？」雞媽媽玲玲關心的問著。

「沒有啦！只是可不可以請爸爸下次來接我的時候，把車子停遠一點，我自己會慢慢走過來。」小雞羅羅邊搖頭邊說。

「為什麼？」雞爸爸阿正不解的問。

「同學家長開的都是豪華進口轎車，我們家爸爸卻是開著貨車來載我……長頸鹿同學小美就笑我了。」小雞羅羅悠悠的說。

「還有……」小雞羅羅繼續說。

「還有？還有什麼？」雞爸爸、雞媽媽幾乎異口同聲問道。

「今天每位同學都要上台念作文──我的寒假。」

「當我說，我寒假去溪頭玩時……同學都笑翻了！」

「去溪頭有什麼不對？笑什麼？」雞媽媽問道。雞爸爸雖然專心開車也伸長脖子在聽。

「人家阿熊、阿鹿他們都是去日本東京迪士尼樂園、到瑞士

滑雪，最近的也都有去菲律賓長灘島玩水，或是香港購物。」

「只有我們家去溪頭……」小雞羅羅托著腮，望著車窗外來來往往的行人說。

此時雞爸爸阿正和雞媽媽玲玲對望了一眼，然後搖頭興嘆，不知道該如何安慰羅羅才好。

有一天，學校第二節下課，大家在操場上玩得正開心，每個人都圍成一圈一圈，跳繩的跳繩、打球的打球。

「我想加入，讓我跟你們一起玩跳繩好嗎？」小雞祥祥說。

「喔！我們人數剛好，真是不好意思！」小貓咪咪婉拒。

「我想加入，讓我跟你們一起玩躲避球好嗎？」小雞祥祥說。

「哎呀！真是不巧，我們人數剛剛好，真是不好意思！」小狗汪汪搖搖頭說。

「真是弄不懂為什麼大家都要排擠我？是不是考試成績太好，大家在忌妒我？」小雞祥祥垂頭喪氣，走到教室向貓頭鷹老師告狀。

「你們為什麼不跟祥祥玩？老師不是要大家好好相處嗎？」貓頭鷹老師說。

「每次考完試，祥祥會拿著他的考卷到處炫耀，還一直追著問我們考幾分。」小貓咪咪湊到老師的耳朵旁邊小聲的說。

「河馬妞妞還被他弄哭了呢！」

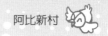

　　「好！今天的功課是，寫出班上除了自己以外五位小朋友的專長是什麼！」貓頭鷹老師大概知道怎麼回事，於是出了這道作業。

　　雞爸爸雞媽媽慢慢了解，正在成長中的孩子其「自我觀」大多是透過旁人的回應及眼光而建立，如果孩子經常被比較，是很難建立起自我價值感，就算要比較，也應該是孩子自己和過去的表現來相比。

　　經過一番討論後，雞爸爸阿正和雞媽媽玲玲決定了！就在某一天，雞爸爸開著貨車載著雞媽媽、雞子們和家具搬離了阿比新村。

陪著天使慢慢飛

　　阿傑是家中長子，在老師及同學眼中是個活潑開朗的學生，但是班上有些同學知道阿傑心裡隱藏著一個不願面對的事實——他有一位智能障礙的弟弟阿鴻。許多畫面會在阿傑腦海中不斷盤旋，記得很小的時候與媽媽的對話，是阿傑無法承受的痛！

　　「媽，我想帶阿鴻去社區公園玩好嗎？」阿傑牽著弟弟的手，開心的問媽媽。

　　「好的！小心車子，你一定要把弟弟牽好，千萬不要爬太高，還有哥哥你要注意……」媽媽從小就教導阿傑一定要好好的照顧弟弟阿鴻。

　　「媽，阿鴻為什麼……看起來……笨笨的？」阿傑揚起稚嫩的臉龐好奇問著媽媽。

「笨笨的？」媽媽故作鎮定反問阿傑。

「不會吧！弟弟還小呀！」媽媽把摺好的衣服疊上去。

「可是，我帶阿鴻去公園玩的時候，其他的小朋友都笑他是笨蛋！」阿傑說。

媽媽心想，這件事小傑遲早會察覺，與其掩蓋不如現在就告訴他吧！

「阿傑，媽媽告訴你，弟弟今天會變成這個樣子，都是因為小時候感染腸病毒 71 型後併發腦膜炎造成的。」媽媽看著阿傑娓娓說出。

「兄弟關係是沒辦法選擇的，弟弟也不願意這樣！媽媽知道每個人最好是都可以好好做自己，走自己想要的路，不要讓弟弟拖累你。可是社會並不會這樣，有許多人會把壓力放在你身上，你要學會承受！」「媽媽一個人要照顧你們兩個，又要養家，也常不知道該如何是好？」雖然很想控制自己的情緒，但媽媽的眼淚還是無法控制的不斷落下。

媽媽悲傷又壓抑的眼神，是阿傑一輩子無法忘記的烙印！他暗暗發誓他一定會好好照顧弟弟，也要好好做自己，不讓媽媽擔心。雖然阿傑並不知具體該如何做，但在那一刻，他覺得這就是他的人生目標。

　　幾年後阿鴻也進入小學就讀，在學校，阿鴻和其他同學的弟弟、妹妹很不一樣。他已經七歲了，還不太會說話，只會簡單的語詞，生氣時會大叫，一直猛打自己的頭，有時還會挖鼻屎去吃，阿傑和弟弟走在路上必須忍受他人異樣的眼光。或許剛開始阿傑可以裝作沒看到，到後來因為沒人跟阿鴻玩，所以下課時阿鴻會去阿傑班上找他。班上總有一兩位調皮的同學會嘲諷阿傑，阿傑知道要好好跟同學解釋弟弟的情形，讓阿鴻能自然融入團體，但一方面卻又覺得丟臉與不自在，他的內心其實相當矛盾！

　　有一天早自習，阿傑班上的導師正在對全班同學交通安全宣導，老師播放宣導短片……

　　「小朋友，騎機車有戴安全帽，就多了一層保護，保護我們的頭部，確保我們安全到達目的地。」林老師站在講台上認真講解並示範安全帽的戴法。

　　「如果不戴安全帽，輕則腦傷並留下後遺症，重則生命不保啊！」林老師耳提面命接著說，此時下課鐘聲響起。

　　「腦傷？會怎樣？」馨儀好奇的問隔壁的致翔。

　　「就是會變得笨笨的，『阿達阿達』啦！」致翔回答。

　　「啊不就跟阿傑的弟弟一樣要去念啟智班！」馨儀說。

　　「頭殼秀斗！講話還會流口水喔！」後面的鈞祥湊上前去，不

但故意說得很大聲，還一邊模仿阿鴻笨拙的動作與表情，滑稽的模樣引起其他同學大笑。鈞祥和阿傑之前就曾為了倒垃圾有過一些爭執，沒想到這次鈞祥居然在大庭廣眾間這般奚落阿傑！

「可惡！你再講！」阿傑臉上失去平日的開朗神情，憤怒的握緊拳頭衝向前，快速將鈞祥撲倒在地，正要揮拳痛擊時才被一旁的同學們架開。

阿傑雖然對弟弟有著一份強烈的保護感，但是有這樣一個弟弟總讓他抬不起頭來，甚至成為同學口中的笑柄，這樣的感覺隨著年紀越大越強烈。而且媽媽下班後有限的時間幾乎都放在照顧阿鴻身上，會對他開口說話也都是要求他幫忙做各種家事，這讓他覺得媽媽很偏心。他也是媽媽的孩子，但母親眼裡似乎永遠只有阿鴻，他也是孩子卻要獨自面對世界。幾乎是從阿鴻被診斷出問題的那一刻起，阿傑就被迫瞬間長大。

學校班導林老師發現阿傑自從上了高年級後變得比較沉默，加上上次和同學的衝突事件，於是約談阿傑媽媽，大致了解了事情的原因。

「持家本來就不容易，何況媽媽要母兼父職真是辛苦！」林老師把手中的熱茶遞給媽媽。

「謝謝！」老師的關懷就像握在手中暖暖的茶杯，雖然只是白

開水，卻溫暖了她多年疲憊的心。

「媽媽在專注照顧阿鴻之餘，有沒有注意與哥哥的互動變少？」林老師關心的問。

「有！這也沒辦法，我要賺錢養家啊！」媽媽苦笑，手上的杯子握得更緊了。

「我對阿鴻確實抱著虧欠想彌補的心態，有時處理事情會常忽略阿傑的感受。」媽媽接著說。

林老師建議：「您可以去縣市政府社會局申請『臨時及短期照顧服務』照顧阿鴻，讓自己有一個喘息的時間；也可以帶他上醫院的治療課，健保有給付。再安排與阿傑獨處的時間，增進親子互動機會，平時藉著與阿傑聊天，了解他的想法，甚至可以利用假日安排家庭活動，增進親子三人的互動。」阿傑媽媽點點頭，似乎知道回去應該要做些改變。

林老師繼續說：「以前家事如果大都是阿傑在幫忙，現在媽媽可以考慮把單純容易、能夠勝任的家務事交給阿鴻，例如：幫忙晾衣服、倒垃圾等工作，也藉此讓他多學習些生活技能。」

「阿傑跟我說，覺得這個弟弟雖然憨憨的，但是個性善良、溫和自然，容易滿足而且不記仇。不管昨天怎麼生他的氣，隔天一早還是會聽到他親切的問早。」林老師想起上次阿傑對她說的話。

經過一番懇談後，阿傑的媽媽很感謝林老師的關懷和建議，也希望林老師能找機會多開導阿傑，林老師點頭同意了。

這一天早自習時間，林老師宣布畢業旅行的日子，原本吵嚷喧鬧的同學立刻安靜，帶著雀躍的心情專心聆聽。

「我們預定下學期的 4 月 28 日至 4 月 30 日一連三天舉辦畢業旅行，也就是期中考後的一個星期。」林老師站在講台上宣布。

「費用大約是 5,000 元，多退少補。我知道……這費用對有些家庭是比較困難，所以我希望在下個月學校的親職教育日，當天下午就是跳蚤市場，我們把當天所得用來幫助班上有困難的同學，不是全額補助，而是減輕他們父母的負擔，好嗎？有沒有其他意見？」林老師娓娓說出她的想法，畢竟一輩子才一次的小學畢業旅行，她很希望大家都能參加，而且她也想藉這個機會對全班教導「融合教育」。

在大家都認同的情況下，全班進行分組，阿傑那一組賣的是手工餅乾和文具，林老師還不動聲色地安插幾位家裡面是做生意的同學在阿傑那組以便幫忙。

「阿傑，親職教育日當天的跳蚤市場，我想邀請你弟弟阿鴻一起來幫忙好嗎？」林老師向阿傑提議。

「幫忙？他……嗯！好吧！」阿傑心想該不會聽錯了吧！

到了義賣的當天，現場只見阿鴻在阿傑那組同學的帶領下，叫賣得很開心：「來喔～來買好吃的餅乾喔！新鮮的餅乾～來買喔！不買會後悔！」

路過的客人們被這群可愛的孩子吸引住，加上阿鴻始終面帶微笑，不喊苦，因為他只記得林老師說努力賣完會請他喝果汁。

義賣結束後結算，阿傑那一組「業績」特別好，林老師公布義賣結果並感謝同學們辛苦的付出。

「真是太厲害了！尤其阿傑的弟弟阿鴻為我們班的畢業旅行盡心盡力，全班同學是不是該給他熱烈的掌聲！」阿傑開心的起身向同學致謝。

有一天班上轉來了一位身障生阿偉，阿傑自願擔任阿偉在班上的生活照顧夥伴。阿偉的短期記憶能力很差，常常記不住大家的話，以致會忘記規定的掃除工作，讓同學誤以為他摸魚、偷懶，也因為無法聽懂一長串的指令，而常常造成誤解。這時阿傑常會跳出來幫忙阿偉向同學解釋，也會帶著阿偉一個步驟一個步驟示範工作流程，並讓阿偉有充足的練習機會。

現在班級如果有分組活動，會給阿偉指令清楚、能夠勝任、負擔又不太重的工作，使他能和大家一起參與學習。對於阿傑的照顧，阿偉的父母相當感激。

　　成年之後的阿傑，因為長期照顧弟弟阿鴻的關係，很自然的選擇了服務業，也順利的成家了，只是年邁的媽媽不堪長期勞累和歲月的摧殘，已住進醫院的安寧病房……

　　「記得媽媽跟你說過，兄弟關係是沒辦法選擇的，媽媽知道每個人最好是都能好好做自己，走自己想要的路，不要讓弟弟拖累你，可是我又擔心自己走了之後沒人照顧這個憨兒啊！」媽媽坐在輪椅上靠近窗邊，天上的烏雲被輕風帶走，明亮的月光照進整個病房，媽媽的臉龐更顯得消瘦。

　　「嗯！都好久了不是？」阿傑放下湯匙，用紙巾擦去媽媽嘴角的燕麥粥。

　　「沒想到這些年你真的能做你想做的，也好好照顧了弟弟。阿鴻沒辦法清楚表達，但從他每次看見你的信任眼神，他一定很高興有你這樣的哥哥。媽媽沒什麼遺憾，上天待我不薄啊，同時給我兩個天使！」媽媽說完，心頭彷彿放下千斤萬擔。

　　「現在你自己也當了父親，相信能體會我的感受，有空要去看看阿鴻，媽媽會更放心！」媽媽說完用柔和舒坦的眼神看著阿傑。

　　「好的！媽放心，我會常去看他！而且他現在在養護機構裡做固定外派清潔工作，老闆、住戶也都很肯定他，不是嗎？」阿傑說。

阿傑一直謹記對媽媽的承諾，兩兄弟雖身處不同屋簷下，彼此的心卻緊緊連繫在一起。兄弟關係沒辦法選擇，但阿傑會一直陪著阿鴻這位慢飛天使慢慢飛，走向屬於他們自己創造出來的幸福之路！

豬太郎

　　豬太郎是家中獨生子，豬媽媽一次生了十隻豬仔，不幸夭折了九隻，只有他一個活了下來。家中父母、長輩自然視他為掌上明「豬」，從小百般呵護，細心照顧。也因為如此，豬家傳宗接代的重責大任，就落在他一隻豬身上，深怕有什麼閃失，豬家一門恐怕就此絕後。

　　最近季節更迭，氣溫變化大，豬太郎著了涼，受了風寒。豬氏一家上下無不著急萬分，唯恐得了豬氏一族最怕的口蹄疫，火速從家裡趕到醫院就醫。看了羊醫生的門診後，豬爸爸和豬媽媽拿著藥單去醫院領藥處拿藥。

　　「細菌引起的……感染，解熱、鎮痛、咽喉痛……」豬爸爸仔仔細細將處方箋看了又看。

「咦？不知道這藥安不安全？」看了幾遍後，豬爸爸忍不住自言自語。

「不如我吃吃看好了！」豬爸爸決定以身試藥，確定安全無虞後再給豬太郎吃。因為豬爸爸本來就沒病，結果吃了治病的藥後反而萬般不舒服，於是逕自下決定，不給豬太郎吃藥。豬太郎病情更加嚴重後，才嚇得再度到醫院回診。羊醫生非常不高興的數落豬爸爸和豬媽媽：「不遵從醫囑，何必看醫生呢？沒病的人亂吃藥才會生病，有病的人卻不吃藥？這是什麼道理！」羊醫生為了豬爸爸的無知嘗試行為，又浪費全「豬」健保資源，氣到鬍子都翹起來！

豬太郎從小幾乎都被爸媽及家中長輩抱著，因為嫌地上髒，所以一直不敢讓他下地走，直到別家的豬寶寶都能跑能跳，豬爸爸豬媽媽才警覺，「家裡是不是要全部鋪上巧拼軟墊，讓太郎安全學走路？」豬媽媽問豬爸爸。

「當然囉！為了讓我們家豬太郎能平安長大，不只家裡地板全部要鋪上無毒巧拼軟墊，連牆壁也要裝上防撞安全設施。」豬爸爸回答，深怕豬太郎這顆豬腦袋撞壞了。成長過程中，豬家可以說竭盡所能保護豬太郎的安全。

「今天我已經和姑姑約好，我們要到他們家作客。」豬媽媽

對豬爸爸和豬太郎說。

「耶！我要去，我要去！」豬太郎開心的在沙發上高舉雙腳一邊翻滾。

「我好久沒有去找露露姊姊、秀秀妹妹和阿忠弟弟玩了！」豬太郎興奮的瞪大眼對豬媽媽說。

一進姑姑家，豬爸爸、豬媽媽和姑姑、姑丈寒暄問好逕自聊天，豬太郎和表姊弟們玩了起來。

「太郎哥哥，我們來看幼幼台卡通，《太空超人》很好看！」阿忠表弟提議。

「嗯！」習慣在家中獨霸遙控器的豬太郎不情願的把手中的遙控器切換到幼幼台。

「好無聊！」豬太郎把他的短腳肥蹄翹在茶几上，不耐煩的把遙控器轉來轉去，阿忠失望的表情寫在臉上，只好跑去找姊姊玩玩具，豬太郎隨後也跟過來。

「這個給我！」豬太郎伸手想要去搶露露手中的玩具娃娃。

「不要！是我先玩的！」露露護著玩具娃娃，緊緊摟著，豬太郎用力一搶把娃娃的腳扯斷了，露露看著心愛的玩具壞掉，傷心得哭了起來。

「這我可不管，是妳用力拉才壞掉的！」豬太郎聳聳肩一副無

所謂的樣子，並把玩具娃娃的腳隨意往地上扔。

餐桌上，豬太郎把喜歡吃的菜旋風式挾光，也不管別人到底還要不要吃，更不要說其他的餐桌禮儀了。露露、秀秀、阿忠也有樣學樣的模仿起來。

「以後如果他們還要來我們家，我就帶著孩子們出門！」姑姑邊整理家中「戰場」邊拭汗，忍不住對先生抱怨了起來。面對沒教養的親戚小孩，她唯一能做的就是避而不見。

帶豬太郎去逛賣場，他把賣場當成遊樂場，在裡面奔跑嬉鬧，引起賣場其他人的側目，但豬爸爸只是邊走邊低頭滑手機，豬媽媽則雙手抱胸只顧著逛街，旁人則紛紛走避，夫妻倆面對異樣的眼光，卻也視若無睹，結果豬太郎跑著跑著不慎跌倒了！

「快叫你們經理出來，我要投訴！」豬爸爸氣極敗壞的跑去服務台，拍打櫃檯大聲咆哮。

「地板打蠟太滑，害我的孩子滑倒。」豬媽媽邊安撫豬太郎，也在一旁幫腔。

「抱歉，抱歉，我們會負責的！」賣場經理為了息事寧人，不斷鞠躬道歉，但心想：「我們地板明明沒有打蠟！」

豬爸爸和豬媽媽跑去櫃檯投訴地板太滑，但是對豬太郎的脫序行為，自始至終沒有半句苛責。就是這樣的教養態度，養成了

豬太郎「凡是有錯也都是別人造成的」之偏差心態。

　　念國小五年級時，豬太郎欺負同學成性，班導師面對豬太郎一次又一次的脫序行為與聯絡簿上洋洋灑灑其他家長的抱怨，只好請豬爸爸和豬媽媽來學校懇談。

　　「我的兒子，我很了解！一定是有人激怒他，才會動手。」豬爸爸和豬媽媽一進學校就怒氣沖沖直奔辦公室找導師，劈頭就說：「這次又怎麼了？孩子一起玩難免打打鬧鬧，總是有人要大驚小怪，我們家太郎本性不壞，只是有時手勁控制不好。老師您說，現在哪個男孩子不調皮？」豬媽媽一副備受委屈的表情，急於將過錯推給其他同學來解釋一切發生在豬太郎身上「不公平」的事。

　　在豬爸爸和豬媽媽的溺愛下，豬太郎的各項脫序行為越來越變本加厲，到後來在班上根本沒有同學敢跟他一起玩，自然也就沒有朋友，只好和校外「臭味相投」的幫派混在一起了。

　　時間過得很快，轉眼豬太郎也成年了。因為兩老從小溺愛，導致豬太郎不願面對工作壓力，不願自食其力，寧可整天待在家裡依賴父母，只會伸手要錢，缺乏自信和適應環境的能力，逐漸與就業市場脫離。豬爸爸和豬媽媽終究老了，再也無力照顧豬太郎，此時他們後悔也來不及了。

　　豬爸爸離開人世了。「寶貝啊！家裡的那三分田埋著五百兩黃金，記得要去挖！」一年後，不堪疲累與傷心的豬媽媽臨終前，語重心長交代豬太郎。

　　「那就試試看吧！」迫於現實生活環境壓力的豬太郎只好相信豬爸爸和豬媽媽的話，拿著鋤頭，使出一身的蠻力，就這樣狠狠的拚命挖。

　　「哧！什麼黃金？連個狗屎也沒有！」豬太郎把所有的田都翻過一遍、兩遍、三遍，還是沒找到爸爸媽媽留下來的「黃金」。

　　四季更迭，冬雪融化，新芽從樹梢悄悄冒出。豬太郎無奈之餘只好買些種子播撒在田裡，由於去年整片田差點被豬太郎給掀了過來，算是整好了地，農作物自然容易生長。等到秋收時，豬太郎終於賺到了此生第一筆自食其力的錢。

　　秋天時節每到傍晚時分，微風展開雙臂向大地深深的俯首，黃澄澄的稻穗迎風搖擺，在太陽下閃爍著金光。豬太郎終於明白爸爸媽媽所說的五百兩黃金，是千真萬確呀！

　　豬太郎有了錢也討了老婆，很快就有了豬寶寶。豬太郎為了避免豬寶寶重蹈覆轍，對他們的管教不再採用上一代的溺愛教養方式，因為這樣縱容孩子只會害了他們，所以與學校老師保持密切聯繫，力求管教一致，對老師在聯絡簿上反映的意見很重視，

總是對豬寶寶說：「你是我生的我很了解，一定要用心認真守規矩，學到的才是真本事，學校教育裡就埋有不只五百兩黃金喔！」

松鼠媽媽的擔心

　　松鼠如如自小便愛冒險犯難，就像古代的俠女，總是水裡來火裡去，尤其希望看到別人讚嘆的眼光，然後發出「哇～」的驚嘆聲。

　　「如如，不要啦！這樣玩會撞在一起！」溜滑梯時松鼠如如硬是要與別的小松鼠反方向，「這樣才刺激嘛！」

　　「來，看我的西部狗仔套圈圈！」松鼠如如想要在大狗身上套繩子牽去給朋友看，正好被松鼠媽媽看到。

　　「如如，不要……」松鼠媽媽連忙制止。

　　「這小孩真野，妳不知道昨天小明才被這隻狗咬掉一團毛！」松鼠媽媽嚇得心臟差點從嘴巴裡跳出來。

　　「哇！好漂亮的午安抱枕！借我抱抱。」小貓英英羨慕極了。

「是啊！哪裡買的？」小貓玲玲好奇的問。

「哈哈！免費！」松鼠如如得意的拿回抱枕，小貓英英、小貓玲玲狐疑的看著。

「這是從肥貓的身上剪下的毛做成的！」松鼠如如聳聳肩瀟灑的回答。

小貓英英、小貓玲玲面面相覷，縮成一團，其他動物也露出不可思議的眼神，並嘖嘖稱奇，這時松鼠如如就顧盼自豪，獲得極大的成就感！

這件事情很快就傳到松鼠媽媽的耳裡，惹得松鼠媽媽鎮日提心吊膽，幾乎要抓狂！忍不住碎念她：「如如，不要……」「媽媽，您擔心太多了……」面對媽媽的口頭禪，松鼠如如總是這樣回應。

星期三下午放學後，一群小動物在樹林裡玩耍，松鼠如如當然不會缺席。

「各位！仔細看好，今天我如如要表演一段特技！」松鼠如如雙手叉腰，在樹上扯開喉嚨，開始預告。樹下的小動物們在底下起鬨，鼓掌叫好。

松鼠如如挺著灰黑的毛茸茸身體，抓著榕樹氣根一下子盪到旁邊的椰子樹上，沿著椰子樹的羽狀複葉溜滑梯般上上下下，來

回好幾次。動物們在下面拍手叫好，松鼠如如覺得自己簡直是特技大師，得意不已！

「如如不要，如如下來！」松鼠媽媽在下面尖叫，松鼠如如往下一看，心裡一慌。「啊！」松鼠如如不小心滑了一下手掌就摔下來了，樹下的動物們看到這一幕都捧腹大笑！

「妳看妳，講過多少次！」松鼠媽媽氣急敗壞，牽起松鼠如如，拍去她身上的灰塵。

「媽！都是妳啦！不然我也不會……」松鼠如如卻覺得是因為媽媽大驚小怪，才會害她在大家前面丟臉。

「還說，這次幸好毛很厚實才沒受傷！下次呢？」松鼠媽媽又急又氣的牽著松鼠如如回家。

松鼠如如長大後，不只酷愛登山到處旅行，還有一項很特別的嗜好，也是松鼠媽媽最放心不下的。

「關島東南方海面存在熱帶雲系，正在醞釀發展，很可能有機會形成今年的第一個颱風……，如果形成颱風，將於下週三登陸……」氣象中心主任預報著颱風警報。

「太帥了！」颱風天時松鼠如如特別喜歡違反宣導的法規，揪團到海邊觀浪。看雄壯的波濤捲起陣陣的浪花拍打在海岸上，波瀾壯闊的感覺，真讓人嘆為觀止！有次還差點被海浪給捲走，弄

得渾身溼透才回家！颱風過後她喜歡到湍急的溪流去泛舟，讓充飽氣的膠筏漂流在溪水暴漲的秀姑巒溪上，尋找泛舟的刺激快感，沿途還可以看見經年累月被溪水沖刷、歲月蝕刻而成的山壁，鬼斧神工，令人嘖嘖稱奇！幾次翻舟喝到幾口混濁的溪水，她都覺得過癮極了！

「王媽，妳女兒和我們家如如出去回來了沒有？」松鼠如如有時和朋友登山一去就好幾天音訊全無，就像人間蒸發似的。松鼠媽媽總是要緊緊抓著報紙，推推老花眼鏡逐一核對各種事故名單或盯著電視的跑馬燈。到了夜裡，松鼠媽媽更加睡不著了，起身走進女兒的房間，坐在床邊，呼呼的夜風敲打著窗戶，只見明亮的月光透過窗櫺照在棉被上，她望著窗外發呆，擔心自己哪一天會看不到寶貝女兒！

松鼠如如在伊朗一開放觀光時就立刻報名，因為她覺得伊朗是個文明古國，是與希臘三次大戰的波斯帝國，也是漢代張騫出使西域的安息，更是絲路的必經樞紐，簡直酷斃了！

「德黑蘭、色拉子、波斯波利斯，這些地名聽起來就讓行程值回票價！」

「最好下次能去敘利亞，就跟媽媽說去亞洲，免得她瞎操心！反正敘利亞真的在亞洲，又是基督教發源地，也是伊斯蘭教傳播

中心，以前的鄂圖曼帝國耶！最好我能站在敘利亞通往黎巴嫩的產業道路上照張相，其他人一定會羨慕死我了！臉書人數一天衝一千，誰人跟我比，哈哈哈！」松鼠如如興高采烈的和朋友用手機口沫橫飛說個不停，松鼠媽媽在旁邊聽到這些話差點兒沒昏倒。

「如如不行，千萬不准去！媽媽會被妳氣死！」松鼠媽媽的擔心寫在臉上，口頭禪又出爐。

松鼠如如收起手機，拍拍媽媽的肩膀，提高聲音說：「媽媽，您擔心太多了，去一下又不會怎樣？」

松鼠如如橫衝直撞的闖蕩「江湖」多年後，遇到令她心儀不已的松鼠雄雄，兩人幸福的走進禮堂結婚了！一年後生下了小小松鼠毛毛，是個漂亮的女娃。毛毛的個性跟如如一模一樣，天生冒險犯難的基因種在身上，溜滑梯時總是要倒栽蔥式的滾下來才覺得過癮，松鼠如如看著這驚心動魄的畫面，不自覺尖叫：「毛毛，不要……！媽媽會被妳氣死！」毛毛頂著由溜滑梯上滑落地的一頭沙子說：「媽媽，您擔心太多了……我的毛很厚實，才不怕呢！」看著古靈精怪稚氣未脫的女兒毛毛，此刻松鼠如如終於懂得媽媽以前的擔心了！

松鼠媽媽因年事已高，手腳已經不再像以前那樣靈巧自如，松鼠如如常常推著輪椅帶她到公園散散步，看著一群小動物在玩

著溜滑梯，就好像看見小時候的自己，遠處彷彿傳來媽媽的呼喚……

「女兒啊！出去玩要小心！溜滑梯時要跟大家同方向，才不會發生危險，不要讓媽媽擔心！」「去哪裡玩要先跟媽媽說一聲，這樣媽媽才知道妳在哪裡，千萬不要讓媽媽擔心！」

「媽，我會好好愛惜自己，不會再做危險或傷害自己的事，請您放心！」傍晚時分，夕陽映著母女倆長長的影子，松鼠如如撥去媽媽身上的落葉，拉拉歪斜的毯子，輕聲在媽媽的耳旁說著，雖然如今松鼠媽媽已經不大認得如如了。

已經懂得何謂「天下父母心」，松鼠如如總是這樣不厭其煩教著活潑好動的女兒毛毛，並且用溫和的聲音不斷告訴毛毛，說著自己媽媽當年同樣的話，因為不管兒女多大年紀，在媽媽的心中永遠擔心著兒女的健康及安全。

只要毛毛回家時，如如總會給她一個大大的擁抱。毛毛覺得可以聽到媽媽的叮嚀，代表媽媽的愛，就是一種幸福的感覺！

阿肥的
紐西蘭夢

　　在遙遠的年代，狗族分為「條狗族」和「隻狗族」。稱呼為「一條」而不是「一隻」的「條狗族」，必須符合趴著的時候夠扁平胖大，像條巧克力般的原則；而「隻狗族」則須符合瘦小精實，像枝鉛筆般滾動自如的規則。兩族常互相競爭批評對方，覺得自己這族才是最漂亮、適應性最強的。

　　阿肥自小可說是含著鑽石湯匙出生的，是「條狗族」的代表，渾身閃閃發亮的金毛隨風飄逸，肥頭大耳的他站在沙灘上會是唯一享受陽光的「條狗族」，其他「隻狗族」只能站在他的陰影下！阿肥腳上永遠穿著皮鞋，因為他最討厭運動。他趴著時，背部寬廣到能下圍棋，一起跟朋友看電視時，都得好好檢視攤平在長條沙發上的毛皮，以免不小心壓到其他「隻狗族」。阿肥會長成這

樣，不是因為他的名字叫「阿肥」，而是因為他對任何垃圾食物從不挑嘴，只要是大家不建議的高糖、高鈉、高咖啡因的食物都吃得唾沫橫飛，眉開眼笑。舉凡炸雞、培根、可樂、奶茶、薯餅、薯條、奶油蛋糕等都是阿肥的最愛，他能二十四小時為這些食物做「清理」服務，永遠不會抱怨食物太多——但他卻堅決不碰蔬菜水果！

老師上課提到的「醣類、脂肪、蛋白質、維生素、礦物質、水六大營養素要均衡」之類的話，阿肥都嗤之以鼻，因為他不注重這些，還不是照樣吃得白白胖胖。阿嬤總是誇他長得好、長得壯，鼻子又靈，一聞就能分辨奶油蛋糕是不是真正鮮奶做的，這是阿肥每年過年逗樂阿嬤的拿手把戲！

「條狗族」和「隻狗族」都是就讀鎮上由蝙蝠校長所主持的實驗小學，蝙蝠校長如果要說「條狗族」的事，就會將翅膀伸展得很寬，翅膀收攏得很窄時，則代表在說「隻狗族」的事，多年以來，大家都懂得這些規則。

蝙蝠校長這天在集合時間宣布實驗小學的年度大事：「今年寒假的交換教學地點，大家猜會到哪裡呢？」

蝙蝠校長很興奮，沒等台下學生回答就迅速揭曉答案：「沒有錯，就是大家期待已久的紐西蘭！」

「經過辛苦接洽，這次交換的時間可以比往年長，讓各位能好好體會紐西蘭的風土人情，有整整三個星期喔！住寄宿家庭，特別要看各位的適應性，有關到紐西蘭交換教學選拔參加學生的事，待會兒進教室後，導師會好好跟各位同學解說！」蝙蝠校長說明交換教學選拔事項時將翅膀一下伸展、一下收攏，大家都明白依照默契這會是一場公平的選拔大賽。

這場選拔大賽阿肥是志在必得，他可是「條狗族」的光榮，一定要選拔上！讓平常在他巨大身體陰影下活著的「隻狗族」瞧瞧顏色！

導師口沫橫飛、興致高昂的在講台上說著紐西蘭的風土文化與特色：「紐西蘭毛利人歡迎客人有一種特別的『家庭式』歡迎儀式，會光腳引吭高歌，唱完歌跳完舞後，會行鼻尖對鼻尖的『碰鼻禮』，我們交換學生也會下去跳喔！」「紐西蘭除了有豐富的各類海產外，也盛產奇異果，富含維他命 C，號稱是世界水果之王，每天一顆奇異果，感冒就遠離！」導師眉飛色舞，越講越興奮：「還有你們平常有些人覺得含有椒油的特殊氣味，所以不敢吃的青椒，卻是老師的最愛喔！因為青椒有豐富的維他命A、K及鐵質，所含的維他命比番茄多、維他命C又比檸檬多。還有富含β胡蘿蔔素的胡蘿蔔可在人體內轉化為維生素A，可保持皮膚光滑，

看老師光滑細緻的臉就知道囉！哈哈哈！」

　　教室窗外的陽光灑在阿肥閃閃發亮的長毛上，益發襯托他的氣宇軒昂！導師的話語如陽光中起起落落、自在飛舞的塵粒飄過，阿肥覺得自己一定會當選，因為之前去日本交換教學時，選拔的標準便是日語能力，他早就由阿嬤口中知道今年的交換地點是紐西蘭，選拔的標準肯定是英語了！因為紐西蘭是英國聯邦的屬國，另外應該還會加考紐西蘭的歷史文化，這些他早就背得滾瓜爛熟，例如：紐西蘭是位於太平洋西南部的一個島嶼國家，首都為威靈頓，最大的城市為奧克蘭都會區。紐西蘭主要由北島和南島兩大島嶼組成，兩島以庫克海峽分隔，首都威靈頓即位於北島末端處，除此之外還包含了一些其他小的島嶼。

　　選拔的日子終於到了，操場上擠滿「條狗族」和「隻狗族」，還有許多陪同的爸媽，大家都熱切盯著蝙蝠校長，等待他宣布活動開始。

　　蝙蝠校長在台上說明這次交換教學選拔注意事項時，將翅膀一下伸展、一下收攏以示公平：「這次通過初選的同學都是語言能力已經過關的，但因為交換教學時間較長，且要住在寄宿家庭中，融入當地風土民情，所以獨立的生活適應力是我們這次選拔的重點，一共會有三關！請大家在操場整隊，準備開始！」

「第一關請大家脫掉鞋子，走過操場草地，在操場對面桌子上剝好兩隻蝦子，放在盤子裡帶回來給老師檢查！這是為了要看看大家能不能融入當地毛利人文化及『自行處理』紐西蘭盛產的海鮮！」蝙蝠校長一說完，台下的家長及學生馬上亂成一團，有的覺得題目太簡單，立刻脫掉鞋子，躍躍欲試；有的哭了出來，因為覺得脫掉鞋子走草地一定會受傷！阿肥則鐵青著臉堅持不肯脫鞋子，他尊貴的腳可是從來沒有直接踩在草地上過，而且為什麼不考紐西蘭歷史文化的筆試題呢？他可是信心十足一定可以拿滿分呢！

「時間到，第二關請大家取食老師發放的青椒、胡蘿蔔及奇異果，每人一盤！這是為了寄宿家庭不必另外幫各位準備食物，各位可以吃當地傳統且富含營養的食物！」阿肥覺得自己快崩潰了！叫他吃蔬菜水果，這是什麼爛關卡！說好的紐西蘭歷史文化筆試題呢！尤其看到其他狗族同學們竟然津津有味的將盤中的青椒、胡蘿蔔及奇異果一掃而空，一面還說：「對，紐西蘭就是產這些，吃了這些，病痛遠離！」「哇！這些平常很貴呢！校長真是大手筆，今天賺到了，可以再要一盤嗎？」「我媽平常就很注意我的營養均衡，規定我六大營養素都要兼顧呢！我愛媽媽！」

阿肥搭拉著耳朵，垮著臉，不斷抽搐他的鼻子，完全失去平

日神采，簡直快哭出來了。尤其是有些平常在他身體陰影下活著的「隻狗族」，竟然也能輕而易舉吃完盤子裡的蔬果時，三關中已經失掉兩關的阿肥，大聲的向旁邊陪同的阿嬤抱怨。一直覺得選拔關卡設計得不公平的阿嬤，立刻衝到台前向蝙蝠校長抗議：「怎麼可以考這種題目？我們阿肥英語能力好，長得又好，又有領導才能，憑什麼不讓他去紐西蘭？」

蝙蝠校長在鬧哄哄的選拔場上心平氣和的說：「這麼小的孩子，語言能力可以溝通就好，給他們語言環境，他們自然就能學得快！領導特質包括自信、責任感、合作、支配性、對新情境快速調適的能力，我們要看的就是對新情境的適應能力！交換教學時還會透過學生對問題解決的熱情和技巧來分辨他的領導才能呢！這是自由參加的活動，如果阿嬤覺得不好，是可以退出的，要不要考慮一下？我們現在要開始進行第三關了！」

「第三關開始，請大家往教室移動，我們要看大家的內務整理能力及應對進退技巧……」從來沒有做過家事的阿肥覺得自己真是受夠了，紐西蘭的夢原來如此接近，卻又如此遙遠！

「條狗族」代表阿肥沒能去紐西蘭交換教學的消息一下子就在校園裡炸開了！看著議論紛紛的同學們，阿肥覺得生活好像裂了一條縫，自己所有的自信與光彩都墜到黑暗的深淵裡了！然而

就在這時，阿肥感覺到自己被一層溫暖的薄膜包覆著，原來是蝙蝠校長將翅膀張得大大的抱著他：「覺得很意外、很沮喪嗎？但校長覺得你還是很好的孩子，畢竟你全程參與了選拔，沒有輕易退賽，而且校長要恭喜你喔！有經歷過挫折，才能真正享受成功的美好！明年還會有不同國家的交換教學選拔，但重要的都是新情境快速調適的能力。你得回去好好練習家務整理、固定運動及均衡飲食，這次不行，不代表下次不行啊！我們有整整一年可以練習呢！呵呵！」

　　被阿肥視為最勁爆異常的一次選拔賽，選出的學生在三個星期的交換教學結束後，卻被紐西蘭當地交換教學的校長誇讚這是世界各國歷屆交換教學以來，表現最棒的學生團隊之一！

我的寓言故事塗鴉創作

國家圖書館出版品預行編目（CIP）資料

融合之愛：十三個有愛無礙寓言故事／孟瑛如，
　鄭森元著；林慧婷繪. -- 初版. -- 新北市：
　心理，2016.09
　　面；　公分. --（特教故事系列；66006）
　　ISBN 978-986-191-736-8（平裝）

　1. 融合教育　2. 通俗作品

529.5   105017810

特教故事系列 66006

融合之愛：十三個有愛無礙寓言故事

作　　者：孟瑛如、鄭森元
繪 圖 者：林慧婷
執行編輯：林汝穎
總 編 輯：林敬堯
發 行 人：洪有義
出 版 者：心理出版社股份有限公司
地　　址：231 新北市新店區光明街 288 號 7 樓
電　　話：(02) 29150566
傳　　真：(02) 29152928
郵撥帳號：19293172　心理出版社股份有限公司
網　　址：http://www.psy.com.tw
電子信箱：psychoco@ms15.hinet.net
駐美代表：Lisa Wu（lisawu99@optonline.net）
排 版 者：龍虎電腦排版股份有限公司
印 刷 者：龍虎電腦排版股份有限公司
初版一刷：2016 年 9 月
初版二刷：2019 年 1 月
I S B N：978-986-191-736-8
定　　價：新台幣 200 元